Kurt Tepperwein

Folge deinem Leitstern

Kurt Tepperwein

Folge deinem Leitstern

Die Kraft der Visionen

Mit Fotografien von H. P. Hoff

südwest

Inhalt

7 Vorwort
Der Weg zu Ihrem inneren Licht

8 Haben Sie einen Leitstern, an dem Sie sich orientieren?

13 Teil 1
So kommen Sie in Resonanz mit Ihrer eigenen Vision

14 Zwei Welten und Anschauungen
19 Psycho-Vision – die Vision Ihrer Seele
26 Das Gesetz der Resonanz
36 Das Geheimnis des Träumens
40 Die Motivationskraft Ihrer Vision

45 Teil 2
So bringen Sie Ihr Leben in Übereinstimmung mit Ihrer Vision

46 Die Signale Ihres Körpers
51 Die Erziehung Ihrer Gefühle
58 Die Intuition Ihres Herzens
67 Die Zielklarheit Ihres Verstandes
73 Die Stimmigkeit Ihres Lebens

79 Teil 3
So manifestieren Sie Ihre Vision

80 Die Kunst des Manifestierens aus einer höheren Ordnung
86 Nutzen Sie Ihre schöpferische Imagination als Werkzeug
92 Erfinden Sie sich neu
99 Wählen Sie den Weg der Berufung
101 Lassen Sie Ihr Licht leuchten

105 Nachwort
So lassen Sie Ihren Leitstern zu sich sprechen

106 Sie sind das Wunder, auf das Sie warten
107 Wie Sie das Kartenspiel für Ihren Lebensweg nutzen
110 Literaturhinweise zur Vertiefung
112 Impressum

Vorwort

Der Weg zu Ihrem inneren Licht

Haben Sie einen Leitstern, an dem Sie sich orientieren?

Wahrscheinlich hat es noch nie in der Geschichte der Menschheit eine so dramatische Übergangszeit gegeben wie heute. Das gegenwärtige Jahrhundert, die Zeitspanne nur eines Menschenlebens, stellt alles Dagewesene in den Schatten. Die Technik entwickelt sich immer rasanter, die Bevölkerungsexplosion ist noch nicht gestoppt, die Schere zwischen Arm und Reich klafft immer weiter auseinander, Naturkatastrophen nehmen zu, immer mehr Arten sterben aus, der Planet wird zu einer menschengemachten und menschenzentrierten Monokultur.

Längst haben diese Hiobsbotschaften das Leben jedes Einzelnen erreicht und zeigen sich in persönlichen und beruflichen Krisen. Die Auswirkung des Klimawandels macht sich bereits vor der eigenen Tür bemerkbar. Wir alle sind betroffen. Es lässt uns nicht mehr in Ruhe. Wir können nicht mehr wegsehen. So kann es nicht weitergehen.

Da will sich etwas bemerkbar machen, das wir viel zu lange ignoriert haben. Wir haben nicht nur über unsere Verhältnisse gelebt, wir haben am Leben vorbeigelebt. Wir sind auf dem falschen Kurs. Die Signale sind nicht mehr zu übersehen. Die Kollision ist für den informierten und logischen Verstand nicht mehr zu vermeiden. Es kann nur noch ein Wunder geschehen.

Die Menschen suchen in Zeiten des Wandels mehr denn je nach Orientierung, um sich in der immer komplexer werdenden Welt zurechtzufinden, aber auch um das eigene Leben an Werten und Sinn auszurichten. Wer sich nicht orientieren kann, der irrt umher, dreht sich im Kreis, hat das Gefühl, das Wesentliche verloren zu haben und nicht wirklich sein eigenes Leben zu leben, wie ein führungsloses Boot auf dem Ozean, das sich nur von Wind und Wellen treiben lassen kann.

Die Orientierungslosigkeit der meisten Menschen ist ein echtes gesellschaftliches Problem geworden. Was gilt noch? Wonach soll man sich richten? Was hat überhaupt noch Bestand? Alle gesellschaftlichen Bereiche, die einst Werte vermittelt haben, Parteien, Gewerkschaften, Kirche, Sport, Medien, haben ihre Glaubwürdigkeit verloren. Wenn es so nicht weitergehen kann, muss alles anders werden. Wo sind die Leuchttürme? Wo ist das Licht, das den Weg weist?

In früheren Zeiten gaben Kirche und Familie die Orientierung für ein rechtes Leben. Zwar war kein Platz für Individualismus, doch alles hatte seine heilige Ordnung, jeder war ein Teil dieser kollektiven Ordnung, hatte seinen Platz. Dann kam vor 300 Jahren die Zeit der Aufklärung gegen den Aberglauben, die Zeit der materialistisch-technischen Wissenschaften, des Kapitalismus und Individualismus. Fortan drehte sich alles um Äußerlichkeiten, Geld und Ruhm, Besitz und Macht, Karriere und Konsum.

Auch heute sind die Medien voll von vorgelebten Visionen: Traumkörpern, Traumkarrieren, Traumgehältern, Traumpaaren, Traumvillen. Wir holen uns die Idole serienweise aus dem Fernsehen. Aber langsam dämmert es uns: Das ist nicht das eigene Leben, das ist vorgespieltes Leben, Leben aus zweiter Hand. Es macht vielleicht süchtig, aber nicht zufrieden, nicht wirklich glücklich.

Wo finden wir heute noch verlässliche und nachhaltige Orientierung?

Die Seefahrer in früheren Zeiten hatten ihren Leitstern: den Polar-Stern oder Nordstern auf der Nordhalbkugel, das Kreuz des Südens auf der Südhalbkugel. In der Dunkelheit der Nacht waren diese Sterne Punkte zur Orientierung im Raum. Kein Seefahrer wollte zu den Sternen selbst oder genau nach Norden segeln, doch der Orientierungspunkt reichte aus, um Kurs halten zu können. Und natürlich brauchten die Seefahrer auch eine Seekarte, um Standort und Ziel bestimmen zu können.

Uns, dem Einzelnen wie auch der Gemeinschaft, scheint beides zu fehlen, nicht nur die Orientierung, sondern auch die Karten für ein erfolgreiches und erfülltes Leben.

Was aber wäre, wenn es eine höhere Ordnung gäbe und wir sie mit unserem normalen Blick nur nicht erkennen können? Was, wenn jeder einen bestimmten Platz in dieser höheren Ordnung hätte und

Teil 1

So kommen Sie in Resonanz mit Ihrer eigenen Vision

Zwei Welten und Anschauungen

Wenn wir uns Gedanken um unsere Orientierung und ihren Verlust machen, dann sind Unterscheidungen wichtig: **Wir unterscheiden, also machen wir uns Gedanken.**

Eine wichtige Unterscheidung, die wir machen sollten, ist die, dass wir gleichzeitig in zwei Welten leben:

- **in der inneren Welt** des Bewusstseins, der Gedanken, Gefühle, der Ideale, Wünsche und Ziele und
- **in der äußeren Welt** der Menschen, Dinge, Orte, Situationen, Ereignisse und Wirkungen.

Die innere Welt ist unsere eigene, die äußere teilen wir mit anderen. Niemand weiß, was im Inneren des anderen wirklich vorgeht. Die traditionelle Wissenschaft lehnt diese innere Welt als unüberprüfbar und wissenschaftlich nicht zugänglich ab; man habe sich nur nach äußeren, real existierenden Tatsachen der äußeren Welt zu richten. Dieses Glaubensbekenntnis der modernen Wissenschaft hat unser Weltbild sehr stark geprägt. Die äußeren Tatsachen sind das Reale und Rationale – Männliche –, das Innere ist das Irreale und Irrationale – Weibliche. Wir sind dazu erzogen – und die Medien sind ein perfekter Erzieher –, unseren Blick nur auf die äußere Welt zu richten.

Jüngst erkennt auch die Wissenschaft den Fehler dieser rigoros trennenden Sichtweise: Man kann die äußere Welt gar nicht erkennen, ohne die innere zu berücksichtigen. Die innere Welt konstruiert die Sicht der äußeren. Ein einfaches Beispiel für die Konstruktion unserer Wirklichkeit soll dies verdeutlichen: Gehen wir gut gelaunt durch eine Menschenmenge, sehen wir nur sympathische Menschen; sind wir dagegen selbst nicht gut drauf, entdecken wir um uns herum nur Miesepeter.

Mehr noch: Im gewissen Sinne ist die äußere Welt nur die Erscheinung und der Schein, die innere Welt das, was der äußeren vorausgeht, was Ursache der äußeren ist. Die Ursache liegt innen, während sich außen die Wirkung zeigt. Statt nun, wie es natürlich wäre, die äußere Welt als Spiegel zur Kontrolle der verursachten Wirkungen zu nehmen, benutzen wir die innere Welt als Spiegel und reagieren auf die Wirkungen der äußeren Welt, indem wir uns ärgern oder freuen.

Wir beginnen genau in dem Augenblick, unsere Wirklichkeit und alle Lebensumstände bewusst zu erschaffen, wenn wir aufhören, fortwährend auf sie zu re-agieren. Dann bleibt das Äußere nicht mehr die Ursache und das Innere die Wirkung, sondern umgekehrt: **Das Innere – unsere Gedanken, Wünsche, Ziele, Visionen – wird die Ursache für alle äußeren Veränderungen.** Bevor wir außen etwas verändern, verändern wir unser Inneres, bevor wir die Welt verändern, verändern wir erst einmal uns selbst.

Machen wir uns die einfache Wahrheit noch einmal bewusst: **Wenn wir etwas ändern wollen, müssen wir etwas ändern!** Der Wahnsinn besteht darin, dass wir glauben, durch das immer gleiche Denken und Tun könne sich irgendetwas ändern. Wenn man immer das Gleiche sät, wird man immer das Gleiche ernten. Sät man immer Kraut und Rüben, darf man als Ernte keinen Weizen erwarten. Das wäre Wahn-Sinn im wahrsten Sinne.

Eine solche wirklich grundlegende Änderung in unserem Leben wäre, sich voll und ganz nach innen zu wenden, in das Dunkle unserer Seele, um dort unsere Schätze zu erkennen, unser Licht wahrzunehmen. Das kann zu einer richtigen Revolution unserer Weltanschauung führen: **Nicht das Außen zählt, sondern das Innen**.

Sie kennen sicher die Geschichte des Betrunkenen unter der Straßenlaterne. Gefragt, was er dort mitten in der Nacht suche, antwortet er: »Meine Hausschlüssel.« – Auf die Frage, ob er sie dort auch verloren habe, lautet seine Antwort: »Nein, aber hier kann ich etwas sehen.«

Suchen Sie nicht da, wo Sie nichts finden können. Haben Sie den Mut, auch in der inneren Dunkelheit zu finden. Dort leuchtet Ihr Leitstern am hellsten. **Der Schatz, den Sie dort finden, heißt »ich selbst«.** Das bedeutet zunächst einmal, Ihr Sosein zu erkennen und sich anzunehmen, wie Sie sind. Dann aber sollten Sie sich fragen, wer das ist, der sich selbst annimmt. Da ist noch etwas Höheres.

Unser höheres Selbst nimmt uns liebevoll so an, wie wir sind. Es war immer da, nur haben wir es noch nicht wahrgenommen. Wir haben uns gequält, von anderen akzeptiert, angenommen, geliebt, wertgeschätzt zu werden, vor allem von den eigenen Eltern. Dabei ist die einzige Instanz, die uns annehmen kann, wie wir sind, unser höheres Selbst. Es ist nichts Fremdes, sondern wir selbst. Es war nie von uns getrennt, sondern wir selbst. Es ist die höchste Vision dessen, was wir sind. **Es ist unser wahrer Leitstern, der uns an unsere Lebensaufgabe er-innert.** Um uns daran zu erinnern, müssen wir uns nach innen werden.

Wir erkennen dieses wahre Selbst als schöpferisch, allumfassend, allmächtig, allgegenwärtig – als alles – und gehen in die Identifikation mit dem Selbst, das wir sind, leben schöpferisch und eins mit allem.

Wir beenden die Sünde der Trennung von uns selbst und damit vom Leben und werden so immer authentischer, echter, ehrlicher und damit immer heiler.

Im Spiel des Lebens spielen wir immer neue Rollen, bis wir uns selbst gefunden habe. Irgendwann müssen wir auch das kleine Ich loslassen, das akzeptiert und angenommen werden will, denn es ist eine Illusion, und in der Erleuchtung ist kein Platz für Illusionen. Versuchen wir nicht länger, unser kleines Ich zu erlösen, sondern lösen uns vom Ich, dann sind wir wirklich erlöst.

Das bedeutet, das Leben zu erleben, und zwar aus der Sicht des Lebens selbst:

- **Sie sind Beobachter des Lebens jenseits des Verstandes – ein Zeuge des Lebens**. Nichts affektiert Sie mehr von außen. Sie können es beobachten, wie es ist.
- **Sie erkennen sich selbst als Puzzle im Spiel des Lebens**, mit bestimmten Eigenschaften, Fähigkeiten und Möglichkeiten, und erkennen, wohin dieses Puzzleteil in der Schöpfung gehört.
- **Sie nehmen Ihren Platz in der Schöpfung ein und tun, was dort zu tun ist.** Dann ist in Ihrem Leben alles stimmig. Sie füllen Ihren Platz aus und leben ein erfülltes Leben.
- **Sie leben die Einmaligkeit Ihres Soseins, so, wie Sie von der Schöpfung gemeint sind.** Sie sind ein Teil der höheren Ordnung und manifestieren diese heilige Ordnung in der Welt, um sie zu heilen.

Ihre persönliche Vision, die Sie in der Zukunft ganz erfüllt haben werden, bestimmt also in der Gegenwart Ihr Verhalten. Das Licht aus der Zukunft leuchtet ins Jetzt. Die Zukunft bestimmt also die Vergangenheit und verursacht in der Gegenwart die Umstände, die erforderlich sind, um die Vision der Zukunft zu erfüllen.

Indem Sie Ihre individuelle Vision erfüllen, werden Sie der, der Sie schon immer waren und immer sein werden – Sie selbst. Start und Ziel sind identisch – das »Ich bin«.

Die Vision des göttlichen Menschen

Ganz ohne Anlauf ein erster Salto für Ihr Denken: **Der Mensch macht keine spirituellen Erfahrungen, sondern ist ein spirituelles Wesen, das die Erfahrung des Menschseins macht.**

Das macht die Worte von Jesus verständlich: »Ihr sollt euer Licht nicht unter den Scheffel stellen.« Und: »Ihr werdet Gleiches vollbringen wie ich und Größeres.«

Glauben Sie, ein göttliches Wesen zu sein? Glauben Sie, Größeres vollbringen zu können als Jesus selbst?

Alleine die Fragen scheinen blasphemisch, eine Gotteslästerung. Sind Sie dessen nicht würdig? Fühlen Sie sich nicht wert? Vielleicht ist es gerade das Göttliche in Ihnen, das Sie nicht leuchten lassen wollen und können. Vielleicht ist gerade dieser göttliche Funke in Ihnen Ihr Leitstern?

Sind Sie offen für diese Fragen? Können Sie wenigstens die Möglichkeit zulassen, dass es so sein könnte?

Diese Worte bedeuten ja auch, falsche Bescheidenheit loszulassen und sich bewusst zu machen, was es heißt: »Ihr seid geschaffen nach dem Ebenbild Gottes.«

Aladins Wunderlampe

In dem orientalischen Märchen wird uns das Wunder der eigenen Größe offenbart. Denn die alte Lampe ist das Symbol für das innere Licht der Erleuchtung. Sobald Aladin die Lampe reibt, also das innere Licht leuchten lässt, kehrt er zurück in die vergessene Allmacht. Der Geist erwacht, er kommt zu Bewusstsein, er-innert sich wieder, wer er wirklich ist.

Auch sein Name ist eine Botschaft: Al oder El heißt Gott, und Adin bedeutet Geschöpf. Wir alle sind Geschöpfe Gottes, geschaffen nach seinem Ebenbild, ungetrennte Teile des Einen.

Der geistige Riese ist immer zur Stelle, sobald Aladin die Lampe reibt, sobald er also zu Bewusstsein kommt und so sein inneres Licht leuchten lässt. Und der Geist ist allmächtig, denn Allmacht ist unser geistiges Erbe, und sobald wir wieder zu Bewusstsein kommen, sind wir wieder in der Vollmacht. Wir brauchen nicht zu wünschen, zu hoffen, sondern können Zukunft nach Belieben manifestieren.

Im Märchen erfährt der scheinbar schwache Mensch, welche Macht er in sich trägt, von der er bisher nichts ahnte.

Aber im Märchen muss auch dem Riesen gesagt werden, was er tun soll. Das heißt, die Macht greift von sich aus nicht ein.

Wir müssen bewusst wählen und in der Gewissheit der Erfüllung sein. Wie es in der Bibel heißt: »Einem jeden geschieht nach seinem Glauben.« Ohne diese bewusste Wahl bleibt die Macht ein schlafender Riese.

Wir alle sind Al-adin. Es geht also darum, zur eigenen Größe zu erwachen, denn die geistige und die körperliche Haltung bedingen einander.

Wählen Sie, was wichtig in Ihrem Leben ist, was zur Klärung Ihrer Vision gehört

Um diesen wichtigen Satz zu wiederholen: **Ohne die bewusste Wahl bleiben Sie ein schlafender Riese.**

Stellen Sie sich die höchste Vision dessen vor, was Sie sein können, was Sie kaum zu träumen wagen. Dann beantworten Sie aus dieser höchsten Vision heraus die Fragen und entscheiden sich für das Beste.

1. Beruf – Berufung – Erfolg!

- Was bedeuten für Sie Beruf und Erfolg? Was für einen Anteil hat diese Dimension in Ihrem Selbstbewusstsein?

- Warum haben Sie noch nicht alles das, was Sie sich wünschen? Wo stellen Sie sich selbst ein Bein? Mit welchen Gedanken sabotieren Sie sich selbst?
- Was müsste geschehen, damit Sie es bekommen und erreichen? Angenommen, Sie bekämen den Nobel-Preis, wofür bekämen Sie ihn am liebsten? Durch welches Werk hätten Sie ihn sich verdient?
- Stellen Sie sich vor, Sie sind alt, sitzen in Ihrem Lieblingssessel und denken zurück. Was ist dann Lebens-Erfolg für Sie?
- Auf was möchten Sie dann am liebsten zurückblicken?
- Finden Sie etwas, was Sie gern tun, und tun Sie es, so gut Sie können. Tun Sie es professionell und mit Souveränität.
- Worin sind Sie einmalig, zumindest etwas Besonderes? Was ist Ihre Einzigartigkeit, Ihre Originalität?
- Wo könnten Sie, wenn möglich, der Beste auf Ihrem Gebiet sein?

2. Lernen Sie zu lieben

- Was bedeuten für Sie Liebe und Beziehungen? Was für einen Anteil hat diese Dimension in Ihrem Selbstbewusstsein?
- Lieben Sie jemanden wirklich von ganzem Herzen? Können Sie bedingungslose Liebe mit sich selbst beginnen?
- Werden Sie ein wirklich idealer Partner. Was würde das bedeuten? Wie wären Sie als Partner ideal?
- Noch besser, werden Sie ein Liebender. Wie würde sich Ihr Leben verändern, wenn Sie nur noch ein Liebender wären?

sich dieses Platzes nur nicht bewusst wäre? Was, wenn dieser tiefere Lebenssinn sich unaufhörlich bemerkbar machen würde, um unser Leben zu ordnen, wir aber diese ständigen Signale nicht verstehen und ignorieren? Was wäre, wenn gerade das unser Problem wäre?

Wir sind als Menschen keine fremdgesteuerten Marionetten, sondern freie, sich selbst bestimmende Wesen. Das ist unser Glück wie auch unser Schicksal. Wir haben die Freiheit der Wahl, uns gegen eine höhere Ordnung zu entscheiden oder dafür.

Wenn es eine höhere Ordnung gibt und wir nicht danach leben, dann hat das Konsequenzen. Dann zahlen wir den Preis – einen sehr hohen Preis – dafür, dass wir diese Ordnung nicht beachten, nicht respektieren, nicht danach leben.

Gerade in Zeiten, in denen nichts mehr wirklich funktioniert, ist die Zeit gekommen, die bisherige Orientierung an der äußeren Welt in Frage zu stellen und die Orientierung anderswo zu suchen. Vielleicht müssen wir auch das ganze Blendwerk hinter uns lassen und durch die Dunkelheit gehen, um unseren Leitstern wieder leuchten zu sehen. Vielleicht ist die Krise dazu da, uns wachzurütteln und das Leben an neuen Werten neu auszurichten.

Wir selbst sind das Wunder,
auf das wir warten.

Wir können im Leben alles erreichen, wir können reich, mächtig, angesehen sein und beneidet werden – haben wir uns aber selbst versäumt, haben wir nichts erreicht, war unser Leben vergeblich.

Geben wir uns eine Chance, wirklich zu leben. Erinnern wir uns wieder daran, wer wir sind und worum es in diesem Leben wirklich geht: darum, wir selbst zu sein, diese innere Weisheit zu leben und mit dieser erwachten Weisheit zurückzukehren in unseren All-Tag, um sie auch dort zu leben und so auch anderen zur Chance zu werden.

Wir leben, um unser höheres Selbst zu finden, wir selbst zu sein und anderen helfen zu können, ebenfalls zu sich zu finden. Das ist der Sinn unseres Da-Seins, unsere Verpflichtung gegenüber uns selbst und dem Leben. Das ist die höchste Vision unseres Lebens.

Irgendwann fragen wir nicht mehr, dann sind wir einfach, dann geschieht Leben ungehindert durch uns. Sie bestimmen, wann irgendwann ist, beispielsweise jetzt! Jetzt, in diesem Augenblick, können Sie Ihr ganzes Leben ändern, denn Leben findet nur jetzt statt, und Sie werden diesen Weg nicht noch einmal gehen können.

Wenn Sie wirklich etwas ändern wollen, müssen Sie etwas ändern! Jetzt. Das Einzige, was zählt, ist Ihr inneres Licht zu finden, Ihren Leitstern, Ihre ganz persönliche Vision. Alles andere ergibt sich dann »vom Selbst«.

Psycho-Vision – die Vision Ihrer Seele

Viele Menschen verstehen von Wohlstand und Reichtum zu träumen, aber nur wenige verstehen wirklich zu leben. Sie wollen im Äußeren etwas werden und etwas haben, Ziele erreichen, Karriere machen, etwas darstellen oder besser dastehen als andere, anstatt sie selbst zu sein.

Fast alle Menschen neigen dazu, wenn sie etwas ändern wollen, die äußere Form zu ändern, den Arbeitsplatz zu wechseln, den Partner oder die Lebenssituation, um so das Wesentliche im Leben zu erreichen: Lebensfreude und Erfüllung.

Doch das verstandesmäßige Erreichen bestimmter Karriereziele und angenehmer Lebenssituationen führt in keinem Fall zum Lebenserfolg, denn in Wahrheit beginnt die Wirklichkeit in umgekehrter Richtung. **Die individuelle, innere Vision ist der Ausgangspunkt der persönlichen Wirklichkeit.** Je nach Klarheit unserer Vision gestalten sich unsere Beziehungen und Lebenssituationen.

Psycho-Vision ist der persönliche Weg zur eigenen Vision: die innere Schau der Wirklichkeit, das intuitive Erleben der göttlichen Idee von uns selbst. Sie ist ein Bewusstseinszustand, eine ständige Schau der Wahrheit und Wirklichkeit hinter dem Schein.

3. Achten Sie so früh wie möglich auf Ihre Gesundheit

- Gesundheit ist ein Produkt, das hergestellt werden kann. Was wäre die höchste Vision Ihrer Gesundheit? Ihres vitalen Körpers?
- Können Sie sich ein hohes Alter in Gesundheit und Vitalität vorstellen? Wie alt werden Sie?
- Schaffen Sie sich einen individuellen Gesundheitsplan, und verwirklichen Sie ihn konsequent. Was wären die wichtigsten Maßnahmen, die Sie sich schon immer vorgenommen haben?

4. Werden Sie ein Lebenskünstler

- Machen Sie Lebensqualität zu Ihrem höchsten Maßstab. In welchem Bereich wollen Sie Ihre Lebensqualität jetzt erhöhen? Wie wäre Ihr Leben, wenn Sie es jetzt in höchster Qualität leben könnten?
- Lernen Sie, das Leben zu zelebrieren und die Kunst des Genießens. Was können Sie in Ihrem Leben noch nicht genießen? Was würde sich ändern, wenn Sie alles, was Sie tun, genießen könnten und es Ihnen Freude bereitete?
- Gestatten Sie jedem, so zu sein, wie er ist, und gestatten Sie sich, so zu sein, wie Sie sind. Beurteilen – und schon gar nicht verurteilen – Sie niemanden. Was lehnen Sie an anderen Menschen ab? Was an sich selbst? Besteht dazwischen gar ein Zusammenhang? Was hindert Sie daran, nichts an sich abzulehnen, auch Schwächen zu lieben – die Sie vielleicht sogar liebenswert machen?

- Ein Lebenskünstler sieht in allem nur das Beste. Das ist bereits die Kunst des Lebens. Was wäre, wenn alles göttlich ist und Sie es nur nicht erkennen?

5. Erfüllung finden

- Was müsste geschehen, damit Sie am Ende sagen können: »Ich habe wirklich gelebt«?
- Was ist für Sie ein wirklich erfülltes Leben?
- Was bedeutet Fülle für Sie? Leben Sie in der Fülle?
- Was heißt es, den Augenblick zu erfüllen? – Ein erfülltes Leben heißt, jeden Augenblick zu erfüllen.

Seien Sie ein Segen für jeden, der das Glück hat, Ihnen zu begegnen.

Das Gesetz der Resonanz

Das Gesetz der Resonanz – oder das Gesetz der Anziehung – ist eines der wichtigsten geistigen Gesetze, die wir nutzen können. Die persönliche Vision kann gesehen oder gehört, geschmeckt oder gefühlt werden, je nach Präferenz. Sie ist aber vor allen Dingen ein energetisches Schwingungsfeld, das so oder so wahrgenommen werden kann. Sie erkennen Ihre Vision, wenn Sie mit ihr in Resonanz sind, sich mit ihr in Resonanz bringen.

Was wir aus der Quantenphysik beherzigen sollten

Die Quantenphysik ist heutzutage in aller Munde. Sie brauchen sie jedoch nicht zu verstehen und erst recht keine Physik studiert zu haben. Quantenphysik ist weniger für den Kopf als vielmehr für das Herz verständlich. Denn die wesentlichen Erkenntnisse der Quantenphysik werden vom Herzen sofort verstanden, weil das Herz sie schon längst weiß. Nur der Kopf tut sich schwer, weil er etwas begreifen will, was selbst die Quantenphysiker kaum zu begreifen in der Lage sind.

Einer der Väter der Quantenphysik, Werner Heisenberg, hat einmal gesagt: »Wer von der Quantenphysik nicht schockiert ist, hat sie nicht verstanden.«

Was ist das Schockierende an ihr? Was ist das, was unsere alte Weltsicht vollkommen auf den Kopf stellt?

Unsere traditionelle Weltsicht bedeutet, dass wir von einer festen Welt und getrennten Teilchen ausgehen. Wir haben lange Zeit geglaubt, ein allerkleinstes Teilchen zu finden – Atom (aus dem Griechischen: á-tomos = unteilbar) genannt –, aus dem alles zusammengesetzt ist.

Die Quantenphysik belehrt uns eines Besseren:

- Je tiefer wir in die Materie gehen, desto leerer wird der Raum. Ein Atom besteht zu über 99,9999 Prozent aus leerem Raum. Wenn ein Atom so groß wäre wie ein Fußballplatz, dann wären seine Teilchen kleiner als ein Fußball, eher wie ein Fingernagel. Alles andere ist leerer Raum, so gut wie nichts.
- Diese Teilchen sind nirgendwo präzise auszumachen: Jetzt ist es hier, gleich ist es dort. Es gibt nur eine Wahrscheinlichkeit, wo es sich höchstwahrscheinlich aufhalten könnte. Es ist höchstwahrscheinlich hier – oder auch nicht.
- Diese Teilchen sind gar nicht fest, sondern eher Energie-Quanten (Päckchen). Sie können aus dem Nichts auftauchen und wieder im Nichts verschwinden.
- Diese Welt des Mikrokosmos ist keine Welt von Teilchen. Sie ist vielmehr ein Meer von Verbundenheit. Somit ist sie vielleicht am ehesten als Ozean von Licht und Energie zu verstehen – etwas, das jedes Herz versteht. Es sind dort unten keine kleinsten, voneinander getrennten Teilchen, sondern verbundene Wellen in ständigen Schwingungen.
- Materie ist zuerst welliges Licht, dann Energie-Felder und dann kondensierte, relativ feste Substanz. Selbst ein Stein besteht zu 99,9999 Prozent aus leerem Raum.
- Was wir in diesem Mikrokosmos beobachten, ist abhängig vom Beobachter, von seiner Fragestellung und seiner Beobachtungs-

Methode. Damit ist er selbst ein Teil dessen, was er da beobachtet. Es gibt keine Trennung mehr zwischen dem Beobachter und dem Beobachteten: **Was Sie beobachten – sind Sie selbst.**

- Alles das – durch die Physik Erkennbare – ist die äußere Welt, der Geist aber ist die innere Welt all dessen, die Meta-Physik der Physik. Innere und äußere Welt gibt es auch im Kleinsten. Ist das nicht großartig? **Wo Quanten-Energie ist, da ist auch ein Quanten-Geist.**
- Jetzt das grandiose Finale: **In der Quantenphysik wird der Quanten-Geist sich seiner selbst bewusst. Anders gesagt: Der Quanten-Geist hat die Quantenphysik entwickelt, um sich selbst zu erkennen.**

Wenn Sie diese Vision mit Ehrfurcht erfüllt, sind Sie im Herzen. Müssen Sie nachdenken, lesen Sie den Text noch einmal – diesmal mit Ihrem Herzen: **Denn das, was da steht, sind Sie**. Sie sind die mit allem verbundenen Wellen in ständigen Schwingungen. Sie sind Quanten-Energie. Sie sind Quanten-Geist. Und viel mehr übrigens.

Was senden Sie aus?

Die wichtigste und alltagstaugliche Lehre aus der Quantenphysik ist: **Sie sind ein Sender und senden ständig Energie einer bestimmten Schwingung aus.**

Mit dieser Schwingung ziehen Sie ganz bestimmte Ereignisse und Umstände in Ihr Leben, und ebenso zuverlässig schließen Sie damit andere Ereignisse und Umstände aus, auch wenn Sie diese noch so sehr wünschen oder ganz dringend brauchen. Das, was Sie auf diese Art verursachen, erleben Sie dann als Ihr Schicksal.

Gleichgültig, ob Sie das bewusst oder unbewusst tun, Sie können es sich vorstellen wie eine Mahlzeit, die Sie zubereiten. Das, was Sie da im wahrsten Sinne des Wortes angerichtet haben, müssen Sie auch auslöffeln, ob es Ihnen schmeckt oder nicht, und Sie erleben es im Außen als Situation, Ereignis, Umstand, Begegnung oder Zufall.

Mit anderen Worten: **Sie haben eine bestimmte Schwingung, und der erwünschte Zielzustand hat eine bestimmte Schwingung.** Wenn diese beiden Schwingungen nicht übereinstimmen, können Sie den erwünschten Endzustand nicht erreichen. Stimmen diese beiden Schwingungen aber überein, können Sie das Ergebnis gar nicht mehr vermeiden.

Auf diese Weise können Sie ganz bewusst bestimmte Ereignisse in Ihr Leben ziehen oder andere ebenso zuverlässig ausschließen.

Sie ziehen ein Ereignis in Ihr Leben, indem Sie mit dem erwünschten Endzustand in Ein-Klang kommen. Sie kommen damit in Ein-Klang, indem Sie ihn als erfüllt erleben. Durch Identifikation mit dem erwünschten Endzustand nehmen Sie ihn geistig in Besitz. Sie machen sich so nicht nur resonanzfähig, sondern geradezu magnetisch für dieses Ereignis, und aus einer Möglichkeit der Zukunft wird so eine Realität der Gegenwart. Sie rufen damit das Ereignis in Erscheinung, und das Leben muss es in der äußeren Realität manifestieren als Tatsache. Sie können so jedes beliebige Ereignis in Ihrem Leben geschehen lassen, und Ihr persönlicher Erfolg wird unvermeidlich.

Diese Technik wird »schöpferische Imagination« genannt und wird ab Seite 86 noch genauer erklärt; hier seien nur ihre Grundprinzipien erläutert.

Machen Sie sich einmal Folgendes bewusst: Was senden Sie jetzt aus? Was ziehen Sie damit in Ihr Leben? Oder was verhindern Sie dadurch? Wollen Sie das? Was wollen Sie in Ihr Leben ziehen? Was müssen Sie dafür ausstrahlen?

Stellen Sie sich vor, die nächsten fünf Minuten entschieden Ihr ganzes Leben. So können Sie Realität unmittelbar verändern. Das ist wahres Leben in der Wirklichkeit.

Sie machen sich für Gesundheit resonanzfähig, indem Sie Gesundheit in sich spüren, erleben, geschehen lassen. Im gleichen Augenblick beginnt sich auch Gesundheit in Ihrem Körper zu manifestieren. Neue Zellen werden nach einem gesunden Bauplan ausgetauscht, Heilungsenergie wird aktiviert, und wenn Sie so Heilung ständig geschehen lassen, steht das Ergebnis fest: Sie werden und bleiben gesund.

Das Gleiche gilt für eine erfüllende Partnerschaft. Sie machen sich resonanzfähig dafür, Liebe zu geben, aber auch anzunehmen, und lassen Liebe ständig geschehen. Sie werden so ein idealer Partner und sind auf dem Weg zu einer erfüllenden Partnerschaft.

Das Gleiche gilt für den Weg vom Beruf über die Berufung zur Erfüllung. Oder für Ihren persönlichen Erfolg. Oder für Ihre geistige Entwicklung.

Damit steht fest, dass Sie ein erfolgreiches und erfüllendes Leben führen können – Sie brauchen es durch die Schwingung Ihrer Energie nur noch ständig geschehen zu lassen. So ziehen Sie wie ein Magnet das in Ihr Leben, wofür Sie sich resonanzfähig gemacht haben. Es zu wissen nützt aber gar nichts, erst das Tun verändert die Welt!

Und was sendet Ihre Vision aus?

Sie sollten noch einmal einen mentalen Salto machen. Nehmen Sie folgende Fragen als Anlauf: **Woher wissen Sie eigentlich, dass das, was Sie aussenden wollen, auch das ist, was das Beste für Sie ist?** Entspricht es überhaupt Ihrer Vision, Ihrem Selbst? Oder ist es Ihr omnipotentes Ego, das da kindliche Bedürfnisse und unstillbare Süchte aussendet? Wen wollen Sie glücklich machen? Ihr Ego oder Ihr Selbst? Mit anderen Worten: Woher kommen Ihre Wünsche, aus Ihrem Ego oder aus Ihrem Selbst?

Bisher war von zwei großen Resonanzfeldern in Ihrem Leben die Rede:

- **Das erste Resonanzfeld** ist Ihr im Außen manifestiertes Leben sowie die von Ihnen in der Vergangenheit geschaffenen mangelhaften – mangelbehafteten – Umstände Ihres Lebens. Diese Lebens-Umstände sind ein Spiegel Ihres zweiten Resonanzfeldes.
- **Das zweite Resonanzfeld** sind die inneren Ursachen Ihres veräußerten Lebens, die Gedanken, das Mangelbewusstsein, die Glaubenssätze, die Befürchtungen und Ängste.
- **Das dritte große Resonanzfeld** ist das Ihrer Vision. Es ist ständig vorhanden und wirkt auf Sie ein. Steht das zweite Resonanzfeld – die Zweifel und Befürchtungen des kleinen Ich – mit dem Resonanzfeld Ihrer Visionen nicht in Übereinstimmung, wirkt das Resonanzfeld Ihrer Vision wie ein Störfeld. Es bereitet Ihnen eine Menge Konflikte. – Und das ist gut so. Es ist das, was Sie immer wieder aufweckt! Denn vor dem Erwachen kommt das Aufwecken.

Auch wenn Sie versuchen wollen, das ganze Leben zu kontrollieren: Irgendetwas spielt das Spiel nicht mit. Sie werden ganz plötzlich krank, Ihr Partner kündigt Ihnen, eine Scheidung oder Trennung lässt Sie wieder von vorne beginnen, Ihr scheinbar fester Arbeitsplatz wird plötzlich zum Schleudersitz, ein sicher geglaubtes Vermögen löst sich über Nacht in Luft auf, alles scheint sich gegen Sie zu wenden.

In Wirklichkeit aber ist es das Störfeld Ihrer Vision, das Ihr Leben durcheinanderwirbelt, weil Sie sich noch nicht für Ihre Vision entschieden haben.

Jetzt haben Sie genügend Anlauf für den mentalen Salto: **Bevor Sie sich im zweiten Resonanzfeld tolle Ziele setzen und das erste Resonanzfeld damit in Einklang bringen, sollten Sie zuerst mit dem Resonanzfeld Ihrer Visionen in Einklang kommen.**

Dann wird dieses Energiefeld nicht mehr zu einem Störfeld, sondern ein zentrales Kraftfeld, das alle anderen Felder – die des Denkens und des Tuns – mit unerschöpflicher Energie des Gleichklangs versorgt.

Sie haben eine bestimmte Schwingung, und Ihre Vision hat eine bestimmte Schwingung. Wenn diese beiden Schwingungen nicht übereinstimmen, ist nach dem Gesetz der Resonanz die Erfüllung Ihrer Lebensaufgabe nicht möglich. Machen Sie sich daher resonanzfähig für das, was Ihre Vision will, was Ihre Lebensaufgabe ist, wofür Sie sich längst entschieden haben – das steht in der energetischen Signatur Ihrer Vision.

Sich resonanzfähig machen heißt, sich lebendig vorstellen zu können, Ihre Vision zu manifestieren, Ihre Vision durch Identifikation jetzt in Besitz zu nehmen. Erst wenn Sie sich vorstellen können, dass das möglich ist, wird es eben dadurch möglich.

Ihre Vision ist machtlos ohne Sie, sie kann Sie nur stören. Sie hat keine Hände und keine Füße. Sie ist Geist pur. **Sie sind die einzigartige Verkörperung Ihrer einmaligen Vision**. Leider oft, ohne sich dessen bewusst zu sein.

Ihre Eltern, Ihr Geschlecht, Ihr Geburtsdatum, Ihr Geburtsort, Ihre Träume – und alles das, was Sie fasziniert, verkörpert Ihre Vision. Es ist das Material zur Manifestation Ihrer Vision. **Alles das steht bereits als Vision in Ihren Sternen, ist in Ihrem Leitstern energetisch gebündelt**

Diese Vision weist Ihnen auch den Platz im Ganzen zu, ist Teil einer viel umfassenderen Vision. Die Menschheit hat eine Vision, der Planet Erde hat eine Vision. Über Ihre persönliche, einzigartige Vision sind Sie mit dem alles einigenden Visionsfeld der Schöpfung verbunden.

Was unten das energetische Feld der Verbundenheit ist, das ist oben das Visionsfeld des kausalen Geistes. Ihre Vision ist davon nicht getrennt, sondern ein Teil. Über Ihre Vision haben Sie eine direkte Verbindung zur höheren Ordnung. **In Ihrer Vision tut sich Ihnen die höhere Ordnung der Schöpfung kund.**

Kommen Sie erst in Einklang mit dem Resonanzfeld Ihrer Vision, dann sind Sie bewusster Teil der Schöpfung, Pionier der Evolution. **Dann sind Sie selbst das Wunder, auf das Sie warten.**

Das Geheimnis des Träumens

Wie kommen Sie am schnellsten in Resonanz mit Ihrer Vision?

Ihre Vision will Ihnen nichts Böses. Sie ist nur dann ein Störfeld, wenn Sie nicht in Resonanz mit ihr stehen. Dann erinnert sie Sie daran durch Missklänge. **Wenn Sie aber im Einklang mit dem Resonanzfeld Ihrer Vision sind, dann ist sie in Wirklichkeit ein machtvolles Kraftfeld.**

Die Vision als Ihre Lebensaufgabe teilt sich Ihnen auf vielen, vielen Kanälen mit, will sich Gehör verschaffen – wenn sie auch nicht so laut ist wie das Getöse der äußeren Welt –, weil es für ein stimmiges Leben nichts Wichtigeres gibt, als Ihrer Vision, Ihrem Leitstern, dem Ruf Ihres Herzens zu folgen. Einer dieser Kanäle Ihrer Vision sind Ihre Träume.

Träume sind die Bildersprache der Vision. In Ihren Träumen klopft Ihre Vision seit Ihrer Kindheit, Nacht für Nacht, an Ihrem Bewusstsein an.

In Bezug auf Ihre Träume sollten Sie zweierlei unterscheiden:

- **Ohne Träume** von einem besseren Leben wird es niemals ein besseres Leben geben können.

- Es wird aber auch niemals ein besseres Leben geben, **solange Sie nur davon träumen!**

Um mit Ihrer Vision wieder in Kontakt zu kommen, sollten Sie vor allem wieder das Träumen lernen. Das Geheimnis für die Verwirklichung der Träume ist, herbei- und nicht weg-zuträumen.

Den Seinen gibt's der Herr im Schlaf

Die meisten Menschen träumen ein Leben lang vergeblich von Reichtum und Erfüllung, weil sie das Geheimnis des Träumens nicht kennen. Sie kennen nicht den Unterschied zwischen wegträumen und herträumen.

Immer, wenn wir aus dem Bewusstsein des Mangels von der Fülle träumen, dann träumen wir weg. Solche Träume kommen aus dem Bewusstsein »mir fehlt etwas«, »ich brauche dringend ...«.

Wir haben noch gar nicht angefangen und schon alles falsch gemacht. Das Wünschen und Wollen trennt uns zuverlässig vom Gewollten. Das, was wir aus einem Mangel heraus wünschen, das träumen wir weg, das ziehen wir nicht in unser Leben.

Her-träumen dagegen heißt, die gewünschten Dinge geistig in der Vorstellung in Besitz zu nehmen, sie bereits als erfüllt zu erleben und auf diese Weise aus einer Möglichkeit der Zukunft eine Realität der Gegenwart zu machen. **Das heißt, vom Ziel, von der Vision aus zu träumen.**

Das funktioniert sofort, wenn dieses Ziel im Einklang mit Ihrer Vision steht, aus dem gleichen Resonanzfeld kommt. Dann sind das imaginierte Ziel und die Vision im Einklang. Es passt und stimmt einfach. Das Ziel fasziniert Sie und erfüllt Sie mit Freude und Glück. Es fällt Ihnen leicht, sich in den Zustand des erfüllten Ziels, der Realisierung der Vision zu setzen.

Diese schöpferische Imagination - deren einzelne Schritte im dritten Teil noch zur Sprache kommen werden - kommt nicht aus dem Kopf. Sie haben sie sich nicht ausgedacht, sie ist kein Resultat von Analysen und Prozessketten, sondern einfach von Herzen, ist ein Herzensziel.

Durch Ihre Träume holen Sie Ihre Herzensziele in Ihr Leben, träumen sie herbei.

Ein anderes Zeichen richtigen Träumens im Einklang mit der Vision ist die Identifikation. Sind Sie in der Identifikation mit Ihrer Persönlichkeit, mit Ihrem kleinen Ich, dann müssen Sie sich alles erarbeiten. Sie stellen sich dem harten Wettbewerb, verdienen Ihr Geld und versuchen den Erfolg zu erringen, und wenn Sie Glück haben, tragen Sie den Sieg davon. Und selbst damit schleppen Sie sich noch ab.

Als »Sie selbst« ist Fülle ein unverlierbarer Teil Ihres wahren Wesens, Ihr geistiges Erbe, das Sie jederzeit antreten können, also auch jetzt. Dann lassen Sie Fülle geschehen und gestatten dem Leben, Ihnen alles zu geben, was Sie für die Verwirklichung Ihrer Vision gerade brauchen, auch im Schlaf.

Denn das Leben will nichts anderes, als dass Sie diese Vision leben. Das ist Ihr Auftrag, Ihr Platz. **Nichts fördert das Leben mehr als die Erfüllung Ihrer Vision.** Dann haben Sie nur noch Rückenwind.

Bevor Sie wieder zu träumen anfangen, sollten Sie sich entscheiden: Wollen Sie weiter um den Erfolg kämpfen, um den Sie ringen, an sich arbeiten und Ihr Geld verdienen, oder gestatten Sie dem Leben, dass Ihnen das alles einfach zufällt?

Dafür gibt es nur eine kleine Bedingung. Es heißt: »Den Seinen gibt's der Herr im Schlaf.« Es geschieht also nur, wenn Sie dazugehören, wenn Sie ein ungetrennter Teil der einen Kraft, ein In-dividuum im wahrsten Sinne des Wortes sind. Das ist Ihre wahre Natur, die Sie nicht verlieren können.

Aber erst durch bewusste Selbst-Identifikation kehren Sie wie der verlorene Sohn nach Hause in die Wirklichkeit zurück. Dann erfüllen sich die visionären Träume wie »vom Selbst«, und als Sie selbst lassen Sie die Dinge in der Leichtigkeit des Seins einfach geschehen.

Die Motivationskraft Ihrer Vision

Kennen Sie Abraham Maslow? Er ist als Psychologe so bedeutsam – wenn auch nicht so bekannt – wie Sigmund Freud, C. Gustav Jung oder Jean Piaget. Maslow gehört zu den Begründern der »Humanistischen Psychologie«. Sein Interesse galt nicht so sehr dem psychisch kranken, sondern vielmehr dem gesunden Menschen.

Welches Potenzial steckt in einem Menschen? Was macht seine Größe aus? Was sind die Eigenschaften eines voll entwickelten Menschen? Das waren die wesentlichen Fragen, auf die Maslow eine Antwort suchte.

Im Allgemeinen verbindet man Abraham Maslow mit der so genannten Bedürfnis-Pyramide. Das ist aber leider falsch, ein – aus bestimmten Bedürfnissen heraus – sehr zurechtgestutzter Maslow. Denn es ging Maslow nicht wirklich um eine Bedürfnis-Theorie, sondern um eine Motivations-Theorie, und er entwickelte keine Bedürfnis-Pyramide, sondern eine Motivations-Hierarchie.

Sie werden den Unterschied sofort erkennen. Die Fragestellung von Maslow war: Was bewegt einen Menschen auf seinen verschiedenen Entwicklungsstufen zum Handeln? Ein Säugling hat eine andere Motivation zum Handeln als ein Jugendlicher oder als ein Weiser.

Tatsächlich gibt es eine Menge unterschiedlicher Bedürfnisse, die einen Menschen zum Handeln treiben – man spricht in der Psychologie dann häufig von Trieben. Solche Bedürfnisse sind in Bedürfniskomplexe zu ordnen, wie beispielsweise körperliche Bedürfnisse, Bedürfnisse nach Geborgenheit und Sicherheit, Bedürfnisse nach sozialer Beziehung und Anerkennung.

Doch wir brauchen uns an dieser Stelle mit der Differenzierung der Bedürfnisse nicht weiter zu beschäftigen. Denn nach der Einteilung der menschlichen Motive macht Maslow einen entscheidenden Unterschied zwischen Mangel-Motivation und Wachstums-Motivation. Bedürfnisse sind niedrige Motivationen aus einem Mangel heraus: Weil einem etwas fehlt, handelt man. Doch es gibt mehr als ein Handeln aus Mangel, aus Bedürfnissen und Bedürftigkeit. Die höhere Motivation ist eine Motivation aus der Fülle, aus dem Geben, aus dem eigenen Wachstum heraus. **Maslow selbst nannte das Handeln jenseits der Bedürfnisse »Selbstverwirklichung«.** Er ist der eigentliche geistige Vater der Selbstverwirklichung.

Was wir von Abraham Maslow lernen können: Erst wenn wir unsere niedrigen, kindlichen und jugendlichen (Mangel-)Bedürfnisse gestillt haben, sind wir wirklich frei für unsere großen Aufgaben.

Die machtvollste und höchste Motivation für unser Handeln aber ist die persönliche Vision. Sie lässt uns Wunder vollbringen.

Wie erleben Sie Ihre Motivation? – Ein kleines Visualisierungs-Training

Prüfen Sie einmal, was Sie motiviert: Denken Sie an etwas, das Sie einmal sehr motiviert hat – eine Berufsausbildung abzuschließen, eine Familie zu gründen, ein eigenes Haus zu bauen, was auch immer. Gehen Sie noch einmal ganz hinein in dieses Erleben, und lassen Sie es ganz lebendig werden. Wahrscheinlich haben Sie dabei wirklich das Gefühl gehabt: **Hier wachse ich über mich hinaus, hier hinterlasse ich Spuren, hier tue ich etwas, das wirklich zum Sinn meines Lebens gehört.**

Nun beantworten Sie sich einige Fragen.

- Sehen Sie ein Bild oder einen Film? Ist das Bild oder der Film in Farbe oder schwarzweiß?
- Sehen Sie es von außen als Betrachter, oder sind Sie mit drin? Ist das Erleben genau in der Mitte oder links oder rechts? Ist es unmittelbar vor Ihnen oder weiter entfernt?
- Ist es scharf oder eher verschwommen? Ist es hell oder eher dunkel? Ist es flach oder dreidimensional?
- Welche Gefühle ruft es in Ihnen wach?

Machen Sie sich bewusst, welcher der beschriebenen Aspekte Sie am stärksten bewegt.

- Können Sie die Stimmen der beteiligten Menschen klar hören? Können Sie dabei auch Ihre eigene Stimme hören?
- Sind die Geräusche laut oder leise? Bleiben die Geräusche ständig gleich? Woher kommt der Ton? Von einem Punkt oder ist er überall?

Machen Sie sich bewusst, wie Sie jeder einzelne Aspekt berührt.

- Macht er Sie weich, nachdenklich, froh, sicher, bewusster?
- Wie würden Sie am liebsten berührt? Was könnte das hervorrufen?

Vielleicht motiviert es Sie am stärksten, wenn Sie selbst aktiv in dieser Vorstellung mit tätig sind.

Nun stellen Sie sich etwas vor, für das Sie sich gern genauso stark motivieren möchten, es aber noch nicht können. Schaffen Sie sich eine Vorstellung von diesem – visionären – Ziel, und verändern Sie die einzelnen Aspekte dieser Vorstellung derart, dass sie Sie am stärksten bewegen und motivieren. Bis alle sichtbaren, hörbaren und bewegungsempfindlichen Aspekte dieser Vorstellung Sie in einem Höchstmaß motivieren und begeistern.

Indem Sie die verschiedenen Aspekte einer Vorstellung optimieren, können Sie sich jederzeit für jedes stimmige Ziel begeistern. Und wer selbst begeistert ist, begeistert andere und erreicht letztlich seine Vision.

Teil 2

So bringen Sie Ihr Leben in Übereinstimmung mit Ihrer Vision

Die Signale Ihres Körpers

Nicht nur in Ihren Träumen, der Bildersprache Ihrer persönlichen Vision, macht sich Ihre Vision bemerkbar. **Ihr Körper ist eine Verkörperung Ihrer Vision: sowohl im Sinne der Verwirklichung als auch im Sinne der Missachtung Ihrer Vision.**

Ihr Körper ist das Werkzeug Ihrer Vision

Folgen Sie nun der Einladung zu einem noch mutigeren Salto. Lassen Sie einmal folgenden Gedanken zu und auf sich wirken: **Zuerst war Ihre Vision da, Ihre Lebensaufgabe, der Sinn Ihres Lebens, bevor Sie sich den Körper geschaffen haben, der Ihnen dazu als Werkzeug auf der Erde dient.**

Als Verkörperung Ihrer Vision hat Ihr Körper ganz bestimmte Eigenschaften, zum Beispiel ein Geschlecht. Ihr körperliches Sein als Mann oder Frau hängt mit Ihrer Vision zusammen. Sie haben das Geschlecht, das zur Verwirklichung Ihrer Vision günstiger ist. Wenn zu Ihrer Vision und Mission »Liebe und Mitgefühl« gehören, haben Sie sich wahrscheinlich dafür entschieden, als Frau auf die Welt zu kommen. Gehören zu Ihrer Vision und Mission eher »Bewusstheit und aktives Handeln«, dann werden Sie sich wahrscheinlich eher für ein männliches Dasein entschieden haben.

Ihre ganze körperliche Erscheinung ist ein Spiegel Ihrer Vision: Ihre Körpergröße, Haare und Farbe, eine bestimmte Typologie, Blut, Charakter

Neben dem Sich-Öffnen für Ihre Träume ist ein weiterer wichtiger Schritt hin zu Ihrer Vision Ihre Haltung gegenüber Ihrem Körper: Ihren Körper zu lieben und anzunehmen, wie er ist, öffnet Sie für Ihre Vision. **Sie können nicht im Einklang mit Ihrer Vision leben, wenn Sie Ihren Körper verachten oder auch nur lieblos behandeln.**

Haben Sie eine Vorstellung von Ihrem idealen Körper? Blicken Sie dabei nicht mit einem Seufzen auf die Traumfiguren von Schauspielern: »Wenn ich so einen Körper hätte ...« Es geht um Ihren Körper: Haben Sie eine Vorstellung davon, wie Ihr idealer Körper aussieht? Vielleicht haben Sie ein Foto aus vergangenen Tagen, von dem Sie sagen: »So gefalle ich mir.«

Ein wichtiger Schritt in Ihrer Vision beginnt damit, sich Ihren idealen Körper zu visualisieren: Sie haben genau den richtigen Körper, genau das richtige Alter, um Ihre Vision zu verwirklichen.

Diese Sätze nur gedanklich zu akzeptieren, ist lediglich ein erster Schritt und reicht nicht. Wenn Sie es nicht einmal gedanklich akzeptieren können, wird gar nichts passieren. Sie sollten in der Übung Ihren idealen Körper sehen und sich in ihm so richtig wohl fühlen.

Hören Sie auf die Störgeräusche Ihres Körpers

Das Resonanzfeld Ihrer Vision kann sich als Störfeld erweisen, wenn Sie nicht auf dem Weg Ihrer Vision sind. Die Auswirkungen dieses Störfeldes können Sie an Ihrem Körper am klarsten beobachten. Sie zeigen sich in Unpässlichkeiten, Übergewicht, Symptomen und Krankheiten. Wenn Sie nicht auf dem Weg Ihrer Vision sind, erhalten Sie von Ihrem Körper ständig Botschaften, wie rote Kontrolllampen, die signalisieren: Hier stimmt etwas nicht! Hier ist Aufmerksamkeit gefordert!

Wenn Ihr Auto merk-würdige Geräusche macht, dann sind Sie sofort hellwach und fragen sich: Kündigt sich hier ein Schaden an, gar ein großer? Wann habe ich eigentlich das letzte Mal den Ölstand kontrolliert?

Was für eine Sensibilität entwickeln Sie dem Auto gegenüber, wie schnell sind Sie hellhörig – doch wie unsensibel sind Sie den lautesten Signal-Schreien Ihres Körpers gegenüber?

Wenn es wehtut, wird schnell zur Tablette gegriffen. Das ist beinahe so intelligent, als würden Sie das rote Kontrolllämpchen des Ölstands einfach überkleben, um das störende Signal zu beseitigen. So dumm ist niemand, denn jeder weiß, dass das Signallämpchen nicht das Problem, sondern nur eine Botschaft ist. Und man sollte nicht den Botschafter mundtot machen, sondern seine Botschaft aufnehmen und verstehen.

Wenn sich Ihr Körper nicht melden würde, dann würden Sie ihn wahrscheinlich gar nicht wahrnehmen. Auch kleine Kinder, die man nicht beachtet, machen Randale, um wahrgenommen zu werden.

Machen Sie eine Inspektion Ihres Körpers. Erstellen Sie dazu eine Liste seiner Störgeräusch. Nicht nur der aktuellen Schmerzen, sondern auch der Symptome, die sich schon seit längerer Zeit festgesetzt haben. Welche Medikamente nehmen Sie regelmäßig? Wogegen? Was soll durch die Medikamente aus Ihrem Bewusstsein verdrängt werden? Wie viel liegen Sie von Ihrem Idealgewicht entfernt? Schreiben Sie alles auf, was Sie an Ihrem Körper stört. Und notieren Sie alle Beobachtungen, mit denen sich Ihr Körper durch Störungen bemerkbar macht.

Wenn Sie alles niedergeschrieben haben und die Liste möglichst vollständig ist – lassen Sie sich dafür ruhig mehrere Tage Zeit, es wird Ihnen immer wieder etwas einfallen –, dann sortieren Sie die Notizen und bringen sie in eine fünfspaltige Tabelle:

- **Spalte 1: das Symptom selbst und sein Organ** – Nierenschmerzen sind beispielsweise etwas anderes als Halsschmerzen
- **Spalte 2: die Art der Erkrankung** – eine Entzündung ist etwas anderes als ein Knochenbruch
- **Spalte 3: Datum des ersten Auftretens** – etwas chronisch Gewordenes ist etwas anderes als etwas Aktuelles

- **Spalte 4: Umstände des Auftretens** – wenn in diesem Zeitraum ein geliebter Mensch gestorben ist, dann ist das etwas anderes, als wenn man eine wichtige Prüfung nicht bestanden hat

Lernen Sie die Signale Ihres Körpers zu verstehen

Es gibt sehr viele Bücher, die Ihnen die Sprache der Symptome und des Körpers entschlüsseln. Doch heute sind die Erkenntnisse der Psychosomatik bereits so bekannt, dass Sie im Grunde keine Fachbücher mehr studieren müssen, um Erklärungen für Ihre Symptome zu finden.

Wenn Sie die Lösung nicht selbst intuitiv erahnen, dann ziehen Sie ruhig ein Buch zurate. Schreiben Sie zu jeder Störung eine energetische Erklärung: Nierenprobleme deuten auf Partnerschaftsprobleme hin, eine Entzündung kann auch ein Hinweis auf eine emotionale oder geistige Belastung sein. Äußere Ereignisse sind oft Anlass für psychische Konflikte.

Schreiben Sie in **Spalte 5** die Entschlüsselung der Botschaft Ihres Körpers. Oft ist es hilfreich, wenn Sie nicht nur ein Signal nach dem anderen betrachten, sondern den ganzen Komplex Ihrer Symptome und ihre Entschlüsselung. Schauen Sie sich diese Botschaften als Ganzes an, und kommen Sie so zur Ein-Sicht, wo Sie blockiert sind, was Sie von einem erfüllten Leben abhält.

Die Erziehung Ihrer Gefühle

Eine der schönsten Nebenwirkungen einer gelebten Vision ist, dass sie der Weg Ihrer schönsten Gefühle ist. Nichts bringt Sie Ihren echten Gefühlen näher als die Verwirklichung Ihrer Vision. Und zu diesen authentischen Gefühlen gehört vor allem die Freude, pure Lebensfreude.

Sie können echte von falschen Emotionen unterscheiden.

Freude ist ein wirklich echtes, ursprüngliches Gefühl. Depression dagegen ist kein echtes Gefühl. Depression ist eine Reaktion darauf, dass Sie ein echtes Gefühl verdrängen, nicht wahrnehmen, aus Ihrem Bewusstsein abspalten. Wenn Sie Ärger oder Wut unterdrücken, weil Sie ein guter, hochspiritueller Mensch sind, der weder ärgerlich noch wütend zu sein hat, dann können Sie vor lauter Güte depressiv werden: nett und heilig, aber depressiv. Statt einmal mit der Faust auf den Tisch zu hauen, hängen Sie in den Seilen der Traurigkeit.

Angst kann ein echtes Gefühl sein, aber auch ein falsches. Wenn Angst in der Konfrontation mit einer realen Gefahr entsteht, ist sie sicher echt. Entsteht Angst aber aus der Abwehr eines anderen Gefühls, des Verliebtseins zum Beispiel, dann ist die Angst ein entfremdetes Gefühl.

Der Weg der Vision ist der Weg der echten Gefühle und der Befreiung Ihrer Gefühle. Vom Weg abzukommen dagegen lässt die falschen Gefühle sprießen.

Sie können Ihre echten Gefühle trainieren. Probieren Sie es gleich einmal aus:

- Ich fühle einmal ein wunderbares Wohlgefühl, das meinen ganzen Körper durchströmt und erfüllt. – Stellen Sie sich dabei eine Situation vor, lassen Sie die Situation los, und fühlen Sie weiter.
- Ich fühle heitere Gelassenheit.
- Ich fühle vollkommene Gesundheit und Vitalität.
- Ich fühle, ich bin vollkommen gesund und vital und voller Lebensfreude.
- Ich fühle, ich habe unglaublich viele Geld – wie viel? Was mache ich dann den ganzen Tag?
- Ich fühle, ich lebe in einer erfüllenden Partnerschaft.
- Ich erlebe, ich bin beruflich sehr erfolgreich. Ich habe eine wunderschöne Wohnung.
- Ich fühle, meine geistige Entwicklung macht große Fortschritte. Ich fühle mich in meinem Leben rundum wohl. Vollkommene Glückseligkeit erfüllt mich.
- Ich fühle, dass ich alles erreichen kann, was immer ich will. Ich kann mir jeden Wunsch erfüllen. Ich fühle mich wunschlos glücklich. Ich habe ein erfüllendes Leben.

- Ich erlebe Achtung, Zuneigung, Anerkennung und Liebe. Ich fühle, wie ich jeden Augenblick genieße.
- Ich fühle einmal, was mein Leben noch mehr bereichern würde. Ich fühle, wie es ist, auch das zu verwirklichen. Ich fühle, ich kann auch Unmögliches möglich machen. Ich lebe wirklich grenzenlos, universell.

Der Weg der Freude

Das vielleicht wichtigste Zeichen, dass Sie auf dem Weg Ihrer Vision sind, ist die **ständige innere Freude**. Sie lächeln ständig still vor sich hin. Sie machen wirklich nur noch das, was Ihnen Freude bereitet – das ist etwas anderes als Spaß.

Jeder Mensch trägt in sich dieses Potenzial zu einer ständigen, stillen, inneren Freude und hat auch die Fähigkeit, diese Freude zum Ausdruck zu bringen. Es ist die Freude unseres inneren Lichtes. Diese ständige innere Freude kann natürlich gelegentlich auch einen lauten Ausdruck finden, aber ständige, laute Freude lässt uns flach werden, während eine stille innere Freude unserem Sein Tiefe gibt.

Dabei ist es wichtig, dass Sie diese Freude auch wirklich fühlen. Viele Menschen haben sich angewöhnt, ihre Freude nur noch zu denken. Aber erst das emotionale Erleben der Freude erfüllt einen wirklich mit Freude. Wenn Sie einmal das Bewusstsein darauf richten, was Sie in diesem Augenblick gerade fühlen und die ständige Veränderung Ihrer Gefühle achtsam wahrnehmen, werden Sie feststellen, dass diese Gefühle nicht unbedingt einen Anlass haben. Wir haben uns angewöhnt, uns nur zu gestatten uns zu freuen, wenn ein entsprechender Anlass vorliegt. Wenn das Wetter besonders schön ist oder eine angenehme Situation vor uns liegt. So haben wir verlernt, uns einfach ohne jeden Anlass zu freuen, denn Grund genug haben wir ständig zur Freude.

Entdecken Sie die Ästhetik des Handelns wieder, die die Japaner mit der Teezeremonie vollkommen zum Ausdruck bringen. Indem sie sich ganz auf das einlassen, was sie gerade machen, bekommt dieses Tun Tiefe und Bedeutung und erzeugt diese stille, innere Freude. Es wird zu einer meditativen Zeremonie.

Aber nicht nur das Handeln kann Freude bereiten, allein schon zu sein ist Anlass genug für eine ständige, tiefe Freude. Machen Sie sich einmal bewusst, ewig zu sein: Welten können kommen und gehen, sich wandeln, Sie aber sind, ganz gleich, was im Außen geschieht. Und Sie können das ernst oder traurig erleben oder erfüllt von dieser ständigen, tiefen inneren Freude, die keinen besonderen Anlass braucht, denn Grund genug dafür ist Ihr Sein.

Natürlich können Sie sich auch absichtlich eine Freude bereiten, indem Sie einem anderen eine Freude oder ein Geschenk machen.

Das muss nichts sein, was Geld kostet, und kann doch etwas ganz Wertvolles sein, ein Kompliment, eine Anerkennung. Sie können ihm Zeit schenken, Aufmerksamkeit oder einfach Ihre Liebe. Sie können sich selbst ganz bewusst ständig bereichern, indem Sie andere beschenken und sich selbst damit eine Freude machen. Sie können sich aber auch direkt eine Freude machen, indem Sie sich einmal verwöhnen, sich Zeit nehmen für ein gutes Buch, um Musik zu hören oder zu machen, ein Bad zu nehmen oder gemütlich essen zu gehen, vielleicht mit Freunden. Indem Sie gute Gedanken denken oder Ihre Aufmerksamkeit auf diese innere Freude richten und sich an Ihrer eigenen Freude erfreuen.

Sie können aber Ihre Aufmerksamkeit auch darauf richten, welche Freude Ihnen das Leben gerade macht, und erkennen, dass das Leben Ihnen im Laufe eines jeden Tages unzählige Freuden bereitet, die Sie sonst gar nicht beachtet hätten. Genau genommen macht Ihnen das Leben in jedem Augenblick eine Freude, Sie müssen sie nur wahrnehmen. Sie nehmen sie wahr, indem Sie Ihr Bewusstsein darauf richten und sich bewusst machen: **Welche Freude macht Ihnen das Leben in diesem Augenblick?**

Oft sind das sogar mehrere Freuden gleichzeitig. So könnte Freude ein Teil Ihrer Persönlichkeit werden und ein ständiger Begleiter in Ihrem Leben, der Sie alles, was geschieht, intensiver erleben lässt und eben – mit mehr Freude.

Mit der Zeit lernen Sie vielleicht sogar, sich an Unangenehmem zu erfreuen, ja einfach an allem, was gerade geschieht. Sie lernen sich an allem bedingungslos zu erfreuen und so in dieser ständigen, stillen inneren Freude zu leben, die Sie durch Ihr Leben begleitet.

Sie können sich auch ganz bewusst an Ihrem Partner erfreuen, an Ihrem Kind, Ihrer Familie, Ihren Freunden, Ihrem Beruf, Ihrer Gesundheit, Ihren Möglichkeiten. Dabei erkennen Sie, dass Ihre Möglichkeiten in jedem Augenblick grenzenlos sind. Sie stehen in jedem Augenblick vor grenzenlosen Möglichkeiten, diesen Augenblick und damit Ihr Leben, Ihre Zukunft zu gestalten. Sie können sich voller Freude bewusst machen, womit Sie diesen Augenblick am liebsten erfüllen möchten, um ihn voller Freude zu genießen. Dabei erleben Sie, dass gerade diese ständige, stille innere Freude Anlass gibt zur Freude, dass sie Ihr Leben froher und reicher macht. Und so entsteht immer mehr Lebensfreude aus dieser inneren Freude, unabhängig von sonstigen Umständen.

Es ist wichtig, darauf zu achten, diese Freude nicht nur zu denken, sondern wirklich zu fühlen, sich wirklich zu freuen, indem Sie diese Freude immer tiefer und intensiver fühlen.

Sie können das praktisch trainieren, indem Sie Ihr Bewusstsein auf etwas Unangenehmes richten und gleichzeitig in dieser tiefen, inneren Freude bleiben. Sie können sich bewusst machen, wie unbedeutend dieses Unangenehme eigentlich ist, dass es gar nicht darauf ankommt, ob Ihnen Dinge angenehm oder unangenehm sind, sondern darauf, alles bedingungslos und intensiv zu erleben, sich ganz darauf einzulassen. Angenehm oder unangenehm ist nur ein Urteil, das Sie jederzeit ändern können.

Der Sinn ist, Leben in seiner ganzen Tiefe zu erfahren, ganz gleich, was gerade im Außen geschieht. Außerdem haben Sie als Schöpfer ja ohnehin jederzeit die Möglichkeit, einzugreifen und die Dinge nach Ihren Wünschen zu gestalten.

Aber Sie können das Leben auch einfach nehmen, wie es kommt, und es voller Freude genießen. Dann werden Sie überrascht erleben, dass diese Änderung Ihrer Grundhaltung Ihr ganzes Leben verändert, indem nach dem Gesetz der Resonanz allein dadurch ganz andere Dinge in Ihrem Leben geschehen. Und Sie werden feststellen, dass Sie alleine durch diese Veränderung noch mehr Freude in Ihr Leben ziehen.

Was Ihre Freude behindert oder gar verhindert, ist ein meist unbewusster Glaubenssatz, beispielsweise dass Freude einen Anlass braucht. Dabei ist sich zu freuen schon Grund genug, es zu tun. Wie viel schöner macht Freude unser Leben, und das ist Grund genug, ständig in dieser stillen, inneren Freude zu leben. Und letztlich können Sie sich vielleicht sogar über Ihre Freude freuen, sich von der eigenen

Freude verwandeln lassen, und so immer mehr der werden, der Sie eigentlich sind, so, wie Sie von der Schöpfung gemeint sind.

So wird die Freude, von der Sie sich führen lassen, zu einem Weg zu sich selbst, der Weg zu Ihrer Vision, der Weg zur Erfüllung Ihrer Lebensaufgabe.

Die Intuition Ihres Herzens

Die direkteste Form, in der Ihre Vision mit Ihnen spricht, ist die Intuition des Herzens. »Folge deinem Leitstern« kann auch heißen »folge deinem Herzen«.

Oft sagt man, die Intuition komme aus dem Bauch – »mein Bauchgefühl sagt mir …« –, aber eine wirkliche Intuition ist kein Gefühl und kommt auch nicht aus der Bauchgegend. Es ist eher die innere Stimme, die Ihnen ruhig und leise sagt, was in dieser Situation das Beste für Sie wäre. Wenn Sie nur auf Ihre Intuition und Ihr Herz hören könnten, dann wäre das der schnellste und sicherste Weg zu Ihrer Vision, zu Ihrer Lebensaufgabe.

Das Herz-Chakra liegt in der Mitte der Chakren und integriert die unteren Erd-Chakren mit den oberen, den Himmels-Chakren. **Ein offenes Herz integriert Himmel und Erde, Vision und Realität.**

Was Intuition ist – Wissen und kein Gefühl

Ganz plötzlich wissen wir etwas. Wir wissen ganz genau, dass wir es wissen, und auch, was wir wissen. Aber wir wissen nicht, warum wir es wissen. Denn wir haben verlernt, auf unsere innere Stimme zu hören.

Wenn je ein Zeitalter dringend Intuition gebraucht hat, dann ist es das unsere. Und wir sollten alles tun, um zu lernen, uns in die intuitive Wahrnehmung einzuschalten. **Dann brauchen wir Entscheidungen nicht mehr durch die Anstrengung unseres Kopfes zu fällen, wir treffen sie im Herzen.** Damit ist mehr zu erreichen als nur persönlicher Erfolg und Glück.

Alle Fachleute sind sich einig, dass die vor uns liegende Zeit mit dem Verstand immer schwieriger und weniger berechenbar wird. Immer häufiger werden Entscheidungen auf Grund von begrenzten Informationen getroffen, wobei Fehler nicht nur wahrscheinlicher, sondern die Auswirkungen immer katastrophaler werden.

Denken ist kein Ersatz für Intuition, denn Intuition ist nur mittelbare Wahrnehmung der Wirklichkeit. Die Fähigkeit dazu haben Sie, Sie brauchen sie lediglich in Besitz zu nehmen. Intuition ist weder wenigen Auserwählten vorbehalten, noch muss sie erlernt werden. Sie ist immer da und kann jederzeit von jedem in Besitz genommen werden.

Auf irgendeine unerklärliche Weise erfassen wir Ereignisse, die noch in der Zukunft liegen. Dabei ist es durchaus möglich, dass wir sie von unserem Alltagsdenken nicht unterscheiden können. Folglich erkennen wir erst, wenn das Ereignis eintritt, dass wir es eigentlich gewusst haben.

Ganz plötzlich nehmen wir wahr. Es geschieht so selbstverständlich, dass wir erkennen: Das ist unser natürlicher Zustand und Intuition unsere ganz natürliche Fähigkeit, die wir nie verlernt hatten. Wir haben nur nicht mehr darauf gehört, weil der Verstand so laut war. Das ist mit »Erinnern« gemeint .

Es gibt nichts zu lernen oder zu verstehen, Intuition **ist** einfach. Wann immer wir bereit sind, steht uns unsere Intuition sofort und jederzeit zur Verfügung.

Mit unserem bisher wichtigsten Sinnesorgan, den Augen, können wir nur acht Prozent des vorhandenen Spektrums sehen. 92 Prozent der Wirklichkeit sind für uns visuell nicht wahrnehmbar, aber natürlich trotzdem vorhanden.

Durch Intuition können wir wieder 100 Prozent der Wirklichkeit wahrnehmen, und die geistige Blindheit hat ein Ende. Intuition geschieht ständig, aber sie wird uns nur dann bewusst, wenn wir empfangsbereit sind.

Die drei Arten zu wissen

Um das Wesen der Intuition zu verstehen, sollten wir sie noch einmal von den beiden anderen Arten der Wissensaufnahme unterscheiden:

1. Wissen können wir uns durch persönliche Erfahrung aneignen (Ich-Teil). Es ist ein ganz persönliches Wissen, praktisches, kompetentes Wissen, beispielsweise Knöpfe zuknöpfen, Schleife oder Krawatte binden, Fahrrad fahren.

2. Wissen kann auch durch Nachdenken entstehen (Wir-Teil). Dies ist typisches Schulwissen, wir lernen aus den Erfahrungen anderer. Dieses Wissen ist unpersönlich, von der Logik bestimmt – hat oft etwas mit Zahlen, Daten, Fakten zu tun. Hierbei ist vor allem der Verstand gefragt, der uns hilft, uns mit den anderen zu verständigen.

3. Intuition ist All-Wissen durch die Wahrnehmung des höheren Selbst. Dieses Wissen ist unpersönlich, weder Erfahrung noch Erinnerung, noch Nachdenken. Es ist nicht an eine Person gebundenes, vorhandenes Wissen. Es ist eher ein Informationsfeld, das allen zur Verfügung steht und das jeder durch Intuition abrufen kann.

Intuition folgt nicht der Logik, sondern der Wirklichkeit. Es ist ein Sehen mit den Augen der Seele. Genau das macht eine Vision aus: die innere Schau der Wirklichkeit.

Intuition ist immer gut, heilsam, hilfreich und schöpfungsgerecht. Intuition ist Kommunikation mit dem Selbst. Wahrnehmung ist unabhängig von Raum und Zeit. Nachdenken braucht Zeit und richtet sich auf einen Punkt. Intuition braucht keine Zeit und geschieht ganzheitlich. Intuition wird nicht mit den physischen Sinnen aufgenommen, sondern ist übersinnlich.

Intuition ist für die meisten von uns zwar da, aber nicht verfügbar. Gründe dafür sind, dass wir sie nicht würdigen, nicht an sie glauben. Oder weil wir einfach falsche Vorstellungen haben, eben das so genannte Bauchgefühl. Oft wird der spontan intuitive Einfall auch fallen gelassen, weil der Verstand sich einschaltet oder weil wir unser Bewusstsein nicht darauf richten.

Durch das, was wir Zivilisation nennen, sind einige Sinne des Menschen fast abgestorben, und unsere sinnliche Wahrnehmung dient fast nur noch dem intellektuellen Erfassen. Sobald wir wieder etwas geübt sind, können wir unsere Wahrnehmung auf das Denken, das Fühlen oder eben auf die Intuition bewusst einstellen.

Machen wir uns bewusst, dass die logische Methode des Verstandes nur eine Möglichkeit des Erkennens von Wirklichkeit ist – noch dazu eine recht einseitige – und dass jedem bessere Möglichkeiten zur Verfügung stehen, die nicht nur viel umfassender, sondern auch von ihrer Natur her frei von Irrtum sind.

Der Verstand kann sich irren, und das geschieht auch oft genug, wie wir ständig erleben. **Intuition aber ist Wahrnehmung der Wirklichkeit und damit frei von Irrtum.**

Jeder Mensch hat zwei Möglichkeiten der Wahrnehmung, die rationale und die intuitive, und sollte beide nutzen. Intuition ist das unmittelbare Erfassen der Wirklichkeit, unabhängig vom Verstand und vom Denken. Unser Bewusstsein ist von Natur aus mehrdimensional. Sobald wir unsere natürliche Fähigkeit zur Intuition wieder aktiviert haben, erfolgt ein Quantensprung des Bewusstseins.

Eine der wichtigsten Hilfen auf unserem Lebensweg ist, unser Herz zu öffnen und unsere Intuition zu trainieren.

Trainieren Sie die Wahrnehmung der Intuition

Intuition drückt sich selten in Worten aus, sondern in Symbolen oder in einer absoluten inneren Gewissheit. Obwohl Intuition ständig stattfindet und auf allen Kanälen gesendet wird, hat fast jeder typbedingte Neigungen, wie er intuitive Botschaften am leichtesten wahrnehmen kann.

Keiner der Wege ist besser oder zutreffender als der andere. Deswegen ist es ratsam, sich auf den Weg zu konzentrieren, der Ihnen am meisten liegt, der dominant ist.

Im Laufe der persönlichen Entwicklung wird die natürliche Fähigkeit der Intuition sehr stark mit anderen mentalen Prozessen vermischt, sodass wir sie nicht mehr unabhängig von unseren Gedanken und Gefühlen, von unserem Wissen und unserer Logik wahrnehmen, obwohl sie ein entscheidender Faktor ist.

So wie Logik durch Gefühle verschleiert werden kann, so wird Intuition häufig durch Wissen und Erfahrung überdeckt. Es geht daher nicht darum, Intuition zu erlernen, sondern die Wahrnehmung der Intuition zu trainieren. Sie muss trainiert werden, damit sie ständig zur Verfügung steht. Wenn sie zur Verfügung steht, erkennen wir beispielsweise, welches Argument in einer Verhandlung den anderen überzeugt, wie weit der andere bereit ist zu gehen, welche Möglichkeiten in einer Sache stecken, mit wem wir sprechen sollten, wann und wie.

Die Ergebnisse der intuitiven Erkenntnis sind oft verblüffend oder unwahrscheinlich und doch zutreffend.

Wie man sich Lösungen einfallen lässt

Schritt 1: Sie machen sich die Tatsache bewusst, dass die Antwort auf Ihre Frage, die Lösung für Ihre Aufgabe, die richtige Entscheidung bereits existiert und nur darauf wartet, dass Sie bereit sind, sie in Ihr Bewusstsein treten zu lassen.

Schritt 2: Sie formulieren nun ganz präzise Ihre Frage oder wiederholen mehrmals Ihren Wunsch. Wählen Sie dabei eine so einfache Formulierung wie eben möglich, aber formulieren Sie dennoch unmissverständlich. Damit wählen Sie aus den allumfassenden Möglichkeiten die Information aus, die Sie derzeit brauchen.

Schritt 3: Sie erfüllen Ihr Bewusstsein mit dem Glauben, dass Sie die Antwort damit sicher erreicht und Sie sie auch wahrnehmen. Dieser Glaube ist eine bestimmte energetische Schwingung, die unweigerlich das Geglaubte anzieht, aber auch nur das. Was Sie nicht glauben können, können Sie auch nicht wahrnehmen.

Sie können sich mit der Vorstellung erfüllen, dass Sie die Antwort zu einer bestimmten Zeit erreicht, oder nach einem bestimmten Empfangsritual, beispielsweise am nächsten Morgen, sobald Sie den ersten Schluck trinken. Oder sofort, sobald Sie einen bestimmten Auslöser betätigen. Sie schaffen sich dazu ein bestimmtes Empfangsritual und machen sich so empfangsbereit. Das Ganze können Sie abends vor dem Schlafengehen machen.

Sie wissen, dass das Ergebnis als Bild, Stimme, Symbol, Gefühl, als innere Gewissheit in Ihr Bewusstsein treten kann. Auch als Idee, Impuls, Chance, Zufall usw. Sie machen sich also auf allen Frequenzen empfangsbereit oder bestimmen eine bestimmte Frequenz, auf die Sie sich einstellen.

Intuitive Wahrnehmung des eigenen Lebensweges

Wenn Sie so Ihre intuitive Wahrnehmung trainiert haben, dann können Sie auch Ihre Vision als Lebensweg wahrnehmen:

- Sie stellen sich vor, Sie gehen auf einen hohen Berg, von dem Sie eine gute Aussicht haben.
- Unter sich sehen Sie einen Weg und wissen, das ist Ihr Lebensweg. Sie sehen den Gegenwartspunkt, an dem Sie sich derzeit befinden, Sie können die Vergangenheit erkennen und die Stationen, die Sie durchschritten haben, und Sie können sehen, wie Ihr Lebensweg weitergeht, welche Stationen vor Ihnen liegen, welche Schwierigkeiten auftauchen, vor welche Aufgaben Sie gestellt sein werden und welche Lösungen erforderlich sind.
- Sie können so auch erkennen, welche Alternativen und Möglichkeiten sich in der Zukunft ergeben und wohin es führen würde, wenn Sie sich für diese oder jene Alternative entscheiden. Sie können auch erkennen, wohin Ihr Lebensweg führt, und prüfen, ob das wirklich Ihr Ziel ist, ob Sie auch dorthin wollen. Wenn nicht, können Sie erkennen, welche Abzweigung Sie nehmen müssen, um zu dem gewünschten Ziel zu kommen.
- Von Ihrem Standpunkt aus können Sie auch Ihr nächstes Leben erkennen. Sie können sehen, womit es beginnt und was jetzt getan werden könnte, um es möglicherweise anders zu beginnen, falls Sie das wünschen, welche Fähigkeiten und Kräfte Sie dort brauchen wer-

den und wie Sie sie jetzt entwickeln können. Und welche Möglichkeiten Sie jetzt schaffen sollten, um dann darüber zu verfügen.
Dies ist aber nur ein Hinweis, über den Sie einmal nachdenken können: Was wäre, wenn Ihre Vision sich über mehrere Leben erstreckt? Wenn Sie im letzten Leben Voraussetzungen für dieses und in diesem Leben Voraussetzungen für das nächste schaffen würden. Versuchen Sie einmal intuitiv zu erspüren, ob Sie im letzten Leben ein Mann oder eine Frau waren und was für ein Geschlecht Sie im nächsten Leben haben werden.

Die Zielklarheit Ihres Verstandes

Möglicherweise sind Sie darüber verwundert, dass der Verstand für die Vision erst nach Körper, Gefühl und Intuition zu Wort kommt.

Der Verstand ist ein ausgezeichneter Diener, aber ein schlechter Herr. Gerade bei der Verfolgung von Lebenszielen sollte man dem Verstand nicht das Kommando überlassen. Das, was wir suchen, ist außerhalb seiner Reichweite und seines Horizonts. Der Verstand hat keine Antenne für den Leitstern, auf sich alleine gestellt hetzt er eher Irrlichtern hinterher.

Für den Verstand sehr unangenehme Fragen sind: **Was mache ich, für was soll ich mich entscheiden?** Hier kommt er ins Schwimmen, hier meldet er Zweifel an. Hier kann er sich eine Menge Alternativen ausdenken. Aber was letztlich sinnvoll ist, davon hat der Verstand keine Ahnung. Das Terrain, in dem der Verstand zu Hause ist, ist dagegen das Wie: **Wie mache ich etwas am besten?**

Glauben Sie, dass der Verstand die Frage beantworten kann, ob dieser oder jener Mensch der richtige zum Heiraten ist? Ob dieser oder jener Beruf Erfüllung bringt? Ganz zu schweigen von der Frage, ob es eine höhere Ordnung gibt? Der Verstand hat auf solche Fragen keine Antworten, ist vollkommen überfordert. Durch Nachdenken werden Sie keine Lösung finden. Sie wissen, wie viele kopfgesteuerte Menschen dann kopflos durchs Leben irren.

Die glänzenden Augen bei der richtigen Wahl des Berufes, bei der richtigen Wahl des Lebenspartners, bei der richtigen Wahl des Lebensweges sind nicht das Ergebnis von Kopfentscheidungen, der Glanz kommt aus dem Herzen.

Die wichtigsten Entscheidungen im Leben sind Herzensentscheidungen. Das Herz ist der Herr, der Verstand der Diener. Wenn klar ist, was zu tun ist, kann der Verstand helfen, wie es getan werden soll.

Das Herz klärt die Vision, der Verstand macht aus Visionen in der Realität gehbare und zielorientierte Schritte. Ziele klar zu formulieren und die Schritte dorthin zu bestimmen, das ist der Job des Verstands. Wenn sich Ihre Vision aus dem Herzen geklärt hat, dann kann der Verstand Ihnen dabei helfen, klare Ziele auf dem Weg zu bestimmen.

Die Vision Ihrer Zukunft bestimmt die gegenwärtigen Schritte

Prüfen Sie, ob Sie **auf etwas zu** leben oder **von etwas weg**. Von etwas weg zu leben ist noch kein Ziel. Nur wenn Sie auf etwas zu leben, können Sie es erreichen.

Die meisten Menschen wissen nur, was sie nicht wollen, aber nicht, was sie wollen. Wie aber können sie ihr Ziel erreichen, wenn sie gar keins haben?

Weil sie keine Vision haben und nur aus den Gefühlen handeln, wissen die meisten nur, was sie nicht wollen: Nicht so wie meine Eltern! Nicht einen solchen Beruf! Nicht auf dem Land leben! Nicht in der Stadt leben! Nicht einen solchen Partner! Keinen Chef! Keinen Außendienst!

So aber können Sie nichts erreichen. **Nicht-Ziele sind keine Ziele.** Sie werden am Schalter kein Ticket bekommen, wenn Sie sagen: Ich will nicht nach Paris. Vergessen Sie alle Ihre Nicht-Ziele.

Machen Sie groß reine mit solchen Nicht-Zielen:

- Stellen Sie eine Liste dessen zusammen, was Sie alles nicht wollen.
- Dann streichen Sie ein Nicht-Ziel nach dem anderen aus Ihrem Kopf – oder besser noch: Klären Sie, was für ein Ziel wirklich gemeint ist, und formulieren Sie es positiv, am besten schriftlich. Wenn Sie beispielsweise wissen, was für ein Beruf für Sie nicht in Frage kommt, wie soll er denn wirklich aussehen, Ihr Beruf?

Zielklarheit bezieht sich nicht nur auf einzelne Ziele, sondern auf das Leben selbst. Wir müssen uns klar werden, weshalb wir hier sind und wo wir am Ende angekommen sein wollen. Auch eine Lebens-Vision lässt sich in Lebens-Ziele formulieren.

Wenn ein Architekt ein Haus bauen will, braucht er zunächst eine Idee. Dann macht er einen Entwurf, optimiert ihn und macht danach einen genauen Plan.

Ob dieser Plan Wirklichkeit wird, hängt davon ab, wie viel Energie und Ausdauer Sie damit verbinden und ob Sie sich wert fühlen, dieses Ziel auch zu erreichen, also ob Sie es geistig bereits in Besitz genommen haben. Ob Sie von der Vision aus denken, fühlen, reden und handeln.

So führt jeder Schritt zu Ihrer Lebens-Vision. Und nur so.

Hilfreich bei der Klärung und Formulierung von Zielen sind auch die folgenden Fragen:

- Was ist mir das Wichtigste im Leben?
- Was tue ich so richtig gern?
- Was war mein Jugendtraum?
- Warum habe ich bisher mein Ziel nicht erreicht?
- Womit habe ich bisher den Erfolg erfolgreich verhindert?
- Bin ich bereit, mich unwiderruflich für meine Vision zu entscheiden?

Manchmal müssen Sie auch warten können und erkennen, wann etwas reif ist. Auch hier ist wieder Ihre Intuition gefragt: Was ist der wirklich stimmige Zeitpunkt?

Zielsetzungs-Impulse

- Definieren Sie konkret, was Erfolg für Sie ist.
- Schaffen Sie Ihre Werte-Hierarchie: Was ist in welcher Reihenfolge für Sie wertvoll?
- Machen Sie sich Ihren Wunschtraum bewusst, und verwirklichen Sie ihn. Um einen Traum verwirklichen zu können, müssen Sie ihn zuerst träumen.
- Machen Sie sich Ihre Wunschbiographie bewusst: Stellen Sie sich vor, Sie sind der Autor Ihres Lebens und schreiben Ihre Wunschbiographie selbst. Die bisherigen Fakten sind die gleichen. Aber Sie interpretieren sie wunschgemäß.

- Wer sein Ziel klar vor Augen hat, der findet auch im Dunkeln seinen Weg. Wer ein klares Ziel hat, der hat bereits den halben Weg zurückgelegt.
- Aus klaren Zielen ergeben sich auch klare Entscheidungen und Prioritäten. So können Sie mit einem Minimum an Aufwand ein maximales Ergebnis erzielen.
- Ob ein Ziel erreicht wird, entscheidet, ob Sie es zuvor geistig in Besitz genommen haben.
- Ein stimmiges Ziel löst die Begeisterung aus, die Sie sicher ans Ziel trägt, und liefert die Kreativität, die Sie zur Verwirklichung Ihres Zieles brauchen. Achten Sie darauf, wie Sie sich fühlen, wenn Sie an ein Ziel denken. Löst es die gleiche Begeisterung aus wie Ihre Vision?
- Selbst bei gleichen Zielen ergeben sich aus den unterschiedlichen Standpunkten oft ganz unterschiedliche Wege.
- Alles, was Sie beginnen, sollten Sie erfolgreich beenden.
- Eine Absicht ist immer erst dann beendet, wenn sie erfolgreich abgeschlossen wurde. Misserfolge sind nur Zwischenergebnisse.
- Außerdem sollten Ihre Ziele miteinander im Einklang sein und sich nicht gegenseitig behindern oder gar aufheben.
- Ganz gleich, welche Ziele Sie haben, Sie sollten schon wirklich wollen, möchten genügt nicht. Versuchen Sie nie etwas im Leben. Tun Sie es, oder lassen Sie es.
- Schaffen Sie sich Alternativ-Ziele und Alternativ-Zukünfte, die Sie vorher anprobieren. Bringen sie nicht das erwünschte Ergebnis, brauchen Sie sie gar nicht erst anzustreben.

- Das Ziel ist nicht das Ziel, sondern lediglich das Ende des Weges und der Anfang eines neuen Weges. Das Ziel ist, den Weg zu genießen.
- Der Sinn des Lebens ist, wirklich zu leben. Lernen Sie dabei auch, Schwierigkeiten zu genießen.

Die Stimmigkeit Ihres Lebens

Ihrem Leitstern zu folgen und den Weg Ihrer Vision zu gehen, ist tatsächlich ein Weg. Er hat verschiedene Meilensteine, die wir klar bestimmen können:

1. Sie haben bereits jahrelang eine Ahnung davon, dass Sie eine Lebensaufgabe haben. Träume seit Ihrer Kindheit, insbesondere Jugendträume, deuten darauf hin. Es gibt Dinge, die Sie ganz besonders gut können, da sind Sie ein Naturtalent, da haben Sie richtig geniale Fähigkeiten. Dann gibt es Bereiche, die Sie ganz besonders faszinieren, die Sie immer wieder begeistern. Es gibt bestimmte Themen, die Sie nicht loslassen, in denen Sie Experte werden.

Sie spüren, dass das alles Gaben für Ihre Lebens-Aufgabe sind. Zunächst sind das nur Ahnungen, dass es mehr gibt, etwas Höheres als das, was Ihr Leben ausmacht. Da ist eine Leere in Ihrem Leben, die gefüllt werden will.

2. Dann werden Sie irgendwann mit der Nase regelrecht auf die Themen Vision, Lebensaufgabe, Berufung gestoßen, und Sie setzen sich damit zunächst einmal mental und intellektuell auseinander: Was ist das? Wer weiß etwas darüber? **Wie erkenne ich meine Vision, meine Lebensaufgabe, meine Berufung?**

Sie lesen dazu verschiedene Bücher, besuchen Seminare und machen sich inhaltlich kundig. Sie suchen ein Konzept, eine Orientierung, eine Methode, die Erfolg verspricht, wie Sie Ihre Vision erkennen und leben können.

Das ist etwa das Stadium des ersten Buchteils: Vielleicht hat Sie das hier vorgestellte Konzept der Resonanz mit Ihrer Vision zum ersten Mal richtig überzeugt, und Sie wollen damit ernsthaft arbeiten.

3. Dann machen Sie sich auf den Weg zu Ihrer Vision, lassen Sie sich von Ihrer Vision anziehen. Im Augenblick ist es vielleicht so, dass Ihr Leitstern nicht wirklich zu erkennen ist, da Ihr Himmel mit dunklen Wolken behangen ist. Sie wissen jetzt, dass es einen Leitstern gibt, können ihn nur noch nicht sehen. Es heißt also, die Wolken vor Ihrem Leitstern aufzulösen, das, was Sie von ihm trennt.

So ließe sich der zweite Teil dieses Buches verstehen: Sie hören auf die **Signale Ihres Körpers**, akzeptieren und lieben Ihren Körper, richten sich nach Ihrem Körper. Damit haben Sie schon die erste große

Wolke aufgelöst. Die **Erziehung Ihrer Gefühle** kann viele weitere Wolken auflösen, sodass Sie sich nur noch von dem Gefühl tiefer Freude leiten lassen können. Das **Öffnen des Herzens** für die Intuition öffnet den Himmel voll und ganz. Die **Zielklarheit Ihres Verstandes** hilft Ihnen dann, von Ihrem Leitstern als Fixpunkt Ihr Leben stimmig zu ordnen. Sie räumen Ihr Leben auf, lassen alles los, was nicht mehr zu Ihrem Leben gehört.

4. Wenn der Himmel – ziemlich – wolkenlos ist, können Sie Ihren Leitstern klar leuchten sehen und so tief in den Einklang mit Ihrer Vision kommen, dass dieses Einssein wie eine erlösende Erleuchtung wirkt, ein nachhaltiges Erwachen.

Dies ist nicht nur wie der Blitz einer Gipfelerfahrung – kann es zunächst sein –, sondern eine stabile Verbindung, sodass Sie ab jetzt aus Ihrem höheren Selbst leben.

5. Jetzt sind Sie aber keinesfalls am Ziel, sondern am Anfang Ihres eigentlichen Lebens. Jetzt schaffen Sie sich eine starke Persönlichkeit, die mitten im Leben steht und mit der Vision bestehen kann. Sie leben Ihre Berufung und lassen Ihr Licht leuchten, auf dass Sie Ihren Beitrag zur Erleuchtung der Welt und der Menschheit leisten.

Diese beiden Meilensteine sind das Thema des dritten Teils dieses Buches: Wie Sie Ihre Vision manifestieren.

Auf dem Weg zu Ihrer Vision und den fünf großen Lebensetappen wird Ihr Leben immer stimmiger, immer leichter und müheloser, bis Sie Ihr Leben wirklich gemeistert haben und ein reiner Segen für die Welt sind, die Vision des göttlichen Menschen verwirklicht haben.

Stimmigkeit trainieren

Den Prozess der wachsenden Stimmigkeit können Sie durch das folgende Stimmigkeits-Training beschleunigen:

- Körperhaltung einnehmen: So stimme ich. Ich sitze stimmig, gehe stimmig, laufe stimmig, liege stimmig. Wie ein Hineinschlüpfen in eine vorhandene Form. Nach innen spüren, so stimmt es.
- Es atmet mich: den Atem stimmig werden lassen.
- Bewusst sein: Die Stimmigkeit meines Lebens – in Körper, Gefühlen, Verstand und Herz – ist vorhanden und wartet darauf, dass ich sie finde, wie die Ideal-Linie beim Autofahren.
- Die geistige Haltung stimmig werden lassen: Stimmig sein ist nicht starr, sondern ändert sich ständig.
- Nicht in eine bestimmte Position gehen: Keine feste Meinung vertreten, sondern sich vom Fluss des Lebens tragen lassen.
- Bewusst die Veränderung des Stimmig-Seins spüren: Sobald ich stimmig bin, bin ich im Selbst. Achtsamkeit und Stimmig-Sein sind identisch. Falle ich aus der Achtsamkeit, bin ich im Ich, dann bin ich in der Trennung.

- Stimmig den eigenen Namen schreiben.
- Sobald ich mein Bewusstsein auf Stimmig-Sein richte, bin ich schon fast drin. Es ist immer da und wartet, dass ich damit übereinstimme. Im Ein-Klang sein mit mir selbst – dann stimmt es. Sobald ich Stimmig-Sein ins Bewusstsein nehme, löst sich alles, folgt ein Aufatmen – fällt alles Unstimmige ab.
- Dann brauche ich nicht mehr nachzudenken, keine Entscheidung zu fällen. Ich mache mir eine Entscheidung bewusst, die zu treffen ist, gehe ins Stimmig-Sein, bewege die Frage in mir, spüre, was stimmt. Es wird offensichtlich.
- Mentales Vorauserleben: Wie sieht diese und jene Lebenssituation aus, wenn ich stimmig bin? Wie sieht das beruflich aus? Partnerschaftlich? Ernährung? Kleidung? Verhalten?
- Immer wieder selbst in das Stimmig-Sein gehen: Die Wahrnehmung nach innen richten, spüren, wie es stimmt. Auch erkennen, wo eventuell Hindernisse sind. Wo ich das glaube selbst tun zu müssen.
- Warum bleibe ich nicht im Stimmig-Sein? Was zieht mich raus?
- Bin ich stimmig, bin ich ganz im Hier und Jetzt. Im Einklang mit dem Leben. Bin ich nicht stimmig, bin ich gar nicht da, wo Leben stattfindet.

Wie wäre es, wenn Sie der Welt erlauben würden, so zu leben, wie sie leben will, und sich selbst erlaubten, zu leben, wie Sie wollen? Dann stimmt's, ganz bestimmt! Sie leben dann ganz Ihre Bestimmung und sind in einer wundervollen Stimmung der Lebensfreude, die man auch an Ihrer Stimme erkennt.

Teil 3

So manifestieren Sie Ihre Vision

Die Kunst des Manifestierens aus einer höheren Ordnung

Dieses Kapitel ist das wichtigste des ganzen Buches. Es fasst im gewissen Sinne das zusammen, was Sie in den ersten beiden Teilen gelesen haben – und es ist der Übergang, Ihre Lebens-Vision auch zu manifestieren.

Manifestieren meint im subtilen Sprachgebrauch etwas anderes als verwirklichen oder Pläne umsetzen. Wer seine Ziele umsetzt, der tut etwas, dessen zielgerichtetes Handeln ist deutlich wahrnehmbar und beobachtbar: Ein Macher macht sein Ding. Es geschieht auf der äußeren, der materiellen, der grobstofflichen, der sichtbaren Ebene. Es ist eher die Welt der Männer.

Manifestieren geschieht auf einer anderen, inneren, geistigen, subtilen, kausalen Ebene. Es wird etwas auf geistiger Ebene bewirkt, losgelassen und dem Leben übergeben, und es tritt erst dann auf materieller Ebene in Erscheinung. So kann man etwas manifestieren, ohne im üblichen Sinne etwas zu tun. Manifestieren geschieht scheinbar wie von selbst. Daher kommt die Leichtigkeit, die Mühelosigkeit, die Effektivität des Manifestierens. Es ist eher die Welt der Frauen. Frauen wissen, dass Liebe nichts tut, aber viel – alles – bewirken kann.

Ein Beispiel: Zufälle kann man nicht machen, man kann sie jedoch manifestieren. Der Zufall scheint ja gerade der Inbegriff des Nicht-Machbaren zu sein. Auf geistiger Ebene können Zufälle jedoch hervorgerufen werden. Dann passiert ein Wunder, das man nicht vorhersehen konnte, aber energetisch bestellt hat.

Zufälle fallen einem zu. Zufälle fallen einem in den Schoß – wie bestellt. Sie machen dann nichts Eigen-williges, sondern eine höhere Ordnung manifestiert etwas für Sie. Voraussetzung dafür ist natürlich, dass Sie als Sie selbst aus Ihrem höheren Selbst die Ursache der Manifestation setzen.

Diese höhere Ordnung nennt man Schöpfung. Sie können sie auch die »Evolution des Kósmos« nennen, wenn Sie eher wissenschaftlich als religiös-spirituell gebildet sind. Es ist die gleiche Welt – aus zwei verschiedenen Perspektiven. Kósmos bedeutet übrigens im Griechischen »göttliche Ordnung« und umfasst weit mehr, als wir unter dem (astro-)physikalischen, wissenschaftlichen Kosmos verstehen. Unser Leitstern ist ja auch kein sichtbarer Stern am Himmel, sondern ein inneres Licht.

Die Schöpfung – oder das Leben – ist die höhere Ordnung, in die wir uns eingliedern müssen. Müssen, weil es ein Gesetz ist. Wir können diese Ordnung im Persönlichen oder Gesellschaftlichen missachten, aber dann bezahlen wir dafür. Das ist das Gesetz.

Wenn wir die Gesetze des Lebens missachten, dann bezahlen wir mit Krankheit, Leid und Schmerz, mit einem langen Siechtum im Alter und mit einem frühzeitigen Tod. Der Mensch könnte 130 Jahre bei bester Gesundheit leben. Auch das gehört zur Vision des göttlichen Menschen.

Wie viele Lebensjahre bezahlen wir dafür, dass wir in unserem Leben die Ordnung des Lebens missachtet haben? 40 Jahre, 50 Jahre? Jeder, der nicht aus freien Stücken und bei bester Gesundheit aus dem Leben geht, weil er sein Leben – in welchem Alter auch immer – vollendet hat, hat dafür bezahlt, dass er die Gesetze des Lebens missachtet hat.

Was für den Einzelnen gilt, das gilt auch für die Menschheit. Wir können machen, was wir wollen, haben dann aber auch die Rechnung zu bezahlen. Wir können größenwahnsinnig in die natürliche Ordnung eingreifen und das Leben genmanipulieren. Diese Macht wurde uns gegeben. Das Gesetz lautet allerdings: Zahle die Rechnung. Das bedeutet, trage dann gefälligst auch die Konsequenzen. Oft sind es übrigens nicht die Verursacher selbst, die die Konsequenzen zu tragen haben – wie im Fall des Contergan-Skandals in den 1950er Jahren –, letztlich aber tragen wir als Menschheit die Konsequenzen.

Ihre Vision ist nichts anderes als Teil dieser schöpferischen Ordnung und gar nicht wirklich Ihre Vision. Es scheint nur so, als sei es Ihre.

In Wirklichkeit ist es eine höhere Vision, in der Sie Ihren Platz sehen und erkennen, einnehmen und Ihren Beitrag leisten.

- Können Sie sich eine Vision der Menschheit vorstellen?
- Wofür ist die Menschheit auf dem Planeten Erde berufen?
- Wie würde sich die Menschheit als Krone der Schöpfung auf unserem Planeten wirklich Schöpfungs-gerecht verhalten?
- Hätte dies nicht zum Beispiel ein völlig anderes Verhältnis zu den Tieren zur Folge? Würden wir sie dann immer noch derart industriell ab- und ausschlachten?

Alleine durch diese Fragen könnte Ihnen schon ein Licht aufgehen.

- Was wäre also, wenn es eine Vision der Menschheit für die Erde gibt, und Sie haben einen Platz darin?
- Wäre das noch Ihre persönliche Vision?

Was wäre, wenn es Ihre Vision wäre, Ihren ganz speziellen Beitrag zur Heilung des Planeten zu leisten?

Bitte überlesen Sie diese Frage nicht. Es ist die wichtigste Frage im ganzen Buch. Nehmen Sie diese Frage geistig in Besitz. Sie werden in den nächsten Tagen scheinbar zufällig die Antwort erhalten:

Was ist Ihr besonderer Beitrag zur Heilung der Erde?

Der Ablauf des bewussten Manifestierens

Manifestieren ist eine Änderung der Realität auf der Kausalebene ohne äußeres Handeln. Was bedeutet in diesem Zusammenhang Kausalebene?

Wenn wir ganz grob die Seinsebenen einander gegenüberstellen, dann können wir folgende Unterscheidung treffen:

- **Die grobstoffliche Ebene** ist die sichtbare, materielle, die physische Ebene, die Ebene des Körpers und des Ego. Die grobstoffliche Ebene ist die des unerwachten Menschen, der sein Leben noch nicht wirklich lebt.
- **Die feinstoffliche oder subtile Ebene** ist die Ebene des Herzens und der Seele, die Ebene des erwachten und verwirklichten Menschen. Es ist die Einheitsebene der Menschheit. Hier hat die Menschheit **eine** Seele.
- **Die Kausalebene** ist die Ebene des höheren Selbst. Dies ist die Ebene der göttlichen Vision des Menschen, die Schöpfungsebene des Kósmos.
- **Das Nonduale** ist keine Ebene mehr, auch nicht die höchste, sondern das Jenseits, das in allem ist. Das Nonduale ist allgegenwärtig. Es ist das Nichts, aus dem die Quanten auftauchen und wieder verschwinden. Es ist das Reich des Absoluten, das Reich der absoluten Liebe und der absoluten Bewusstheit.

Das Manifestieren aus der Kausalebene kann durch das bewusste oder unbewusste Setzen einer Ursache geschehen – wobei die Wirkung erwünscht oder unerwünscht sein kann. Oder durch die energetische Signatur des eigenen Soseins. In jedem Fall wird sich dadurch die noch nicht in Erscheinung getretene Realität verändern.

Der Ablauf des bewussten Manifestierens beginnt mit einer visionären Idee, die sich zur Absicht verdichtet. Die Absicht nimmt Gestalt an durch Imagination, also durch die bildhafte Vorstellung des erwünschten Endzustandes. Entspricht die Imagination der Vision, der eigenen Absicht, können Sie sie in Besitz nehmen, indem Sie sich in Ihrer Imagination in der Erfüllung erleben. Fühlen Sie sich wert, kommt es Ihnen ganz natürlich vor und stimmig, können Sie das erwünschte Ereignis an Ihrer individuellen Zeitlinie festmachen – ebenfalls durch Imagination –, sodass der erwünschte Endzustand zu einem vorher bestimmten Zeitpunkt in Erscheinung tritt.

Sind diese Voraussetzungen erfüllt, gibt es keine Möglichkeit des Versagens.

Der Vorgang wird abgeschlossen, indem Sie sich mit Freude und Dankbarkeit erfüllen – und mit der Gewissheit, dass es geschehen ist.

Diese hier kurz gefassten Schritte der schöpferischen Imagination werden im Folgenden genauer erläutert.

Nutzen Sie Ihre schöpferische Imagination als Werkzeug

Die schöpferische Imagination ist eine Technik, in Resonanz mit Ihrer Vision zu kommen und sie auf Ihrer persönlichen Zeitlinie in die Realität zu holen. Es ist Ihr wichtigstes Werkzeug und macht das handhabbar und praktikabel, was wir im letzten Kapitel die »Kunst des Manifestierens« genannt haben.

Seien Sie dazu zu einem neuen mentalen Salto eingeladen, einer kopernikanischen Wende sozusagen. Kopernikus (1473 – 1543) revolutionierte zu Beginn der Neuzeit unser Weltbild, indem er nicht mehr die Erde in den Mittelpunkt stellte, sondern die Sonne: Nicht die Sonne dreht sich um die Erde, sondern die Erde um die Sonne.

Stellen Sie sich also vor, nicht Sie sind der Mittelpunkt und alles dreht sich um Sie, sondern Ihre Vision ist der Mittelpunkt, und Sie drehen sich um die Vision. So wird Ihr Leitstern selbst zum Mittelpunkt Ihres Lebens.

Mit anderen Worten: Die meisten Menschen denken von jetzt in die Zukunft. So wird ihre Zukunft nur eine verlängerte Kopie des aktuell Gegebenen. Und so ändert sich nie etwas im Leben.

Anders ist es, wenn Sie von der visionären Zukunft aus den Blick auf Ihr Jetzt werfen. Sie sehen und imaginieren die Zukunft, für die Sie geschaffen sind, und erkennen aus der Zukunft den Weg, den Sie dorthin gegangen sind. Sie erinnern sich aus der vollbrachten Zukunft, wie Sie diese erreicht haben.

Wenn Ihnen bewusst ist, dass es eine Vision gibt, in der Sie einen Platz haben, dann werden Sie damit auch in Kontakt treten können, dann werden Sie dieses Schwingungsfeld auch wahrnehmen können. Von dort aus können Sie auch erkennen, wie Sie dorthin kommen.

Sie suchen nicht mehr ein Ziel, Sie lassen sich von Ihrer Vision anziehen. Sie lassen sich von Ihrer Vision finden.

Prüfen Sie einmal, ob Sie diese kopernikanische Wende in Ihrem Geist auch vollzogen haben. Hat es Klick gemacht? **Dieser mentale Salto ist die Voraussetzung dafür, die Schritte der schöpferischen Imagination auch nachvollziehen zu können.**

Die Schritte der schöpferischen Imagination

Schritt 1: Nehmen Sie sich Zeit, und geben Sie sich Raum

Diese Übung machen Sie idealerweise nur einmal im Leben, oder einmal im Jahr. Nehmen Sie sich mehrere Stunden Zeit, und sorgen Sie dafür, dass Sie ungestört sind. Lassen Sie den Tag ohne Termine oder

Verpflichtungen: ein richtiger Sonn- oder Urlaubstag. Gestalten Sie den ganzen Tag zu einem meditativen Tag voller Achtsamkeit, zu einem Tag der Neugeburt. Sie bringen heute Ihre Zukunft zur Welt.

Schauen Sie sich noch einmal alle schriftliche Übungen des Buches an, alle Notizen zum Thema »Träume«. Ziehen Sie auch eine Karte als Tagesmotto. Bereiten Sie einfach den Boden vor - im übertragenen wie im wörtlichen Sinn. Wenn Sie mögen, lassen Sie ruhige Meditationsmusik spielen. Kreieren Sie sich einen ganz besonderen Tag, bereiten Sie sich wie zu einem ersten Rendezvous vor.

Dann nehmen Sie eine ganz entspannte Haltung ein, legen Sie sich flach hin - besser nicht ins Bett, um nicht einzuschlafen -, vielleicht auch gut zugedeckt, um nicht zu frieren.

Schritt 2: Ihre Träume ausprobieren und Ihre Zukunft anprobieren
Stellen Sie sich vor, wie Ihr Leben idealerweise in zehn Jahren - oder am Lebensende - sein wird. Probieren Sie dabei verschiedene Alternativ-Zukünfte an. Es ist ähnlich wie beim Kleideranprobieren: Nehmen Sie ruhig mehrere mit in die Kabine, und probieren Sie an, welches Ihnen am besten steht. Probieren Sie so alle Ihre Träume aus.

Spielen Sie mit der Zukunft. Wobei fühlen Sie sich am wohlsten? Was ist wirklich am stimmigsten? Malen Sie sich diese Zukunft immer detaillierter aus: Was können Sie sehen? Was können Sie hören?

Erleben Sie Ihre Zukunft mit allen Sinnen. Auch andere Menschen gehören dazu. Wie ist Ihr Verhältnis zu anderen Menschen? Wer aus Ihrem jetzigen Leben gehört nicht mehr dazu? Gehen Sie davon aus, dass es eine Stunde dauern kann, bis Sie vollkommen in Resonanz mit Ihrer Vision schwingen und im Einklang mit Ihrer Vision sind. Wenn es zwei oder drei Stunden dauert, ist es auch in Ordnung.

Wahrscheinlich meldet sich in der ersten Stunde noch häufig Ihr Verstand und hat kritische Hinweise zu geben, Zweifel anzumelden, Bedenken zu äußern. Lassen Sie ihn mitspielen, irgendwann ist ihm das Spiel langweilig, und von seiner Seite kommt nichts mehr. Dann geht die Übung eigentlich erst richtig los.

Sie können dabei eine Atemübung zu Hilfe nehmen: Atmen Sie ganz normal weiter, aber stellen Sie sich dabei vor, Sie atmen über Ihren Scheitel ein und über Ihr Herz wieder aus. Das ist förderlich, um Ihre Gedanken zu beruhigen und Ihr Herz zu öffnen; und Sie beginnen bereits etwas zu imaginieren, sich etwas vorzustellen, Sie öffnen Ihre Imagination.

Eine Vision ist ja etwas, was man sieht, und Imaginieren bedeutet, sich ein Bild zu machen und zu sehen. **Bei der schöpferischen Imagination geht es darum: Sehen Sie Ihre Vision. Machen Sie sich ein stimmiges, farbenprächtiges Bild. Und achten Sie dabei auf Ihre Gefühle.**

Möglicherweise sehen Sie dabei nicht so sehr Tatsachen sondern Energien. Es kann sein, dass Sie Ihr Traumhaus – wenn es denn ein Teil Ihrer Vision ist – auch wirklich detailliert sehen. Möglicherweise nehmen Sie es jedoch lediglich energetisch wahr.

Sie sind dann in Resonanz mit Ihrer Vision, wenn Sie ein unbeschreibliches Gefühl der Freude und Dankbarkeit erfüllt. Es fühlt sich an wie eine Erlösung, und es können sich leicht Tränen lösen.

Schritt 3: Den Zustand halten und als vollbracht erleben
Bleiben Sie eine Zeit in diesem Zustand der erfüllten Vision. Nehmen Sie diesen Zustand ganz in Besitz. Vor allen Dingen: Fühlen Sie sich wert, dass ein solches Leben zu Ihnen gehört. Fühlen Sie die Fülle und Erfüllung. Lassen Sie jede Zelle diesen Zustand wahrnehmen, nehmen Sie in diesem Zustand jede Zelle und Ihre ganze Energie mit. Fühlen Sie, wie Heilung in Ihrem Körper geschieht. Fühlen Sie in Ihren subtilen Körper als Aura, die erstrahlt. Spüren Sie die Wärme einer bedingungslosen Liebe sich selbst gegenüber. Vollziehen Sie diese Geburt Ihrer selbst mit aller Achtsamkeit.

Der Zustand des Einsseins mit Ihrer Vision und Ihrer Lebensaufgabe ist wie eine Einweihung zu einem höheren Leben. Schließen Sie diesen Schritt, wenn es für Sie in Ordnung ist, sanft in Dankbarkeit und Freude ab, mit einem Gefühl der Glückseligkeit, des Angekommenseins – vielleicht nach Stunden, die Ihnen wie Minuten vorkommen.

Schritt 4: Den Weg zurück ins Jetzt gehen
Wenn Sie die Vision Ihres Lebens in zehn Jahren – oder in 20 oder 50 – energetisch gesehen haben, dann gehen Sie jetzt imaginativ Ihre persönliche Zeitlinie zurück in den Augenblick. Wie hat sich diese Vision in Ihrer Zeitlinie entfaltet? Wie sieht Ihr Leben in sieben Jahren aus, in vier, in einem? Welche Richtung ist jetzt einzuschlagen, die Sie schnurgerade zu Ihrer Vision führt?

Achten Sie darauf, dass Ihr Verstand sich an diesem Teil der Übung nicht einschaltet und Sie beginnen, Pläne zu schmieden! Dieses Zurückgehen von der Zukunft in die Gegenwart geschieht weiter imaginativ und energetisch. Planen Sie diesen Weg nicht, sondern nehmen Sie ihn einfach wahr.

Es ist eine Rückführung aus Ihrer Zukunft in Ihre Gegenwart. Sie sehen dabei, wie Sie alle erforderlichen Schritte auf Ihrem Weg unternommen haben. Sie haben Ihre Lebens-Orientierung gefunden.

Schritt 5: In der Gewissheit des Glaubens loslassen und vertrauensvoll geschehen lassen
Am Ende dieser Geburt wissen Sie, dass es geschehen ist, und Sie können sich vollkommen vertrauensvoll auf diesen intuitiven Weg einlassen. Sie sind im Herzen und haben bereits alle Zufälle auf dem Weg der Manifestation Ihrer Vision verursacht. Ihr Glaube wird Berge versetzen.

Erfinden Sie sich neu

Wenn Sie Ihren Leitstern gefunden haben und er Ihnen Orientierung gibt, wenn Ihre Vision Ihnen den Weg weist und Sie Ihr Leben neu ausrichten können, dann fängt das erwachte Leben eigentlich erst richtig an. Dann leben Sie so, wie Sie gemeint sind. Dazu ist es nie zu früh oder zu spät. Im Gegenteil, dazu ist es jetzt genau richtig.

Drei große Themen werden Sie auf Ihrem Weg bewegen, die hier kurz skizziert werden – weitere Hinweise finden Sie in der Literaturliste.

1. **Sie nehmen eine neue Persönlichkeit an**, erfinden sich neu, werden die Persönlichkeit, die zu Ihrer Vision passt. Sie können Ihre alten Kleider ablegen und ab jetzt maßgerechte Kleidung tragen.
2. **Sie wählen ganz bewusst den Weg Ihrer Berufung** und lassen alles hinter sich, was nicht mehr zu Ihrer Berufung gehört. Sie leben nicht mehr aus dem Bauch oder dem Kopf, sondern folgen dem Ruf Ihres Herzens.
3. **Sie stellen Ihr Licht nicht mehr unter den Scheffel**, arbeiten nicht mehr für das Licht anderer, sondern lassen Ihr eigenes Licht leuchten. So wird Ihr eigenes Licht auch zum Vorbild und Leuchtturm für andere.

Wenn Sie sich, wenn Sie Ihr Selbstbild jetzt aus der höchsten Vision dessen betrachten, der Sie wirklich sind, dann können Sie

sich auch Ihre Persönlichkeit neu erfinden, eine Persönlichkeit, die zu Ihrer Vision passt.

Denn das, was Sie bisher als Ihre Persönlichkeit verstanden haben, ist eher ein von außen, von anderen Menschen geprägtes Bild. Ihr Selbstbild ist folglich in Wahrheit ein Fremdbild: wie andere Sie gesehen haben und sehen wollten – insbesondere natürlich die Eltern.

So, wie wir alle einen Körper als Werkzeug auf der materiellen Ebene haben, so haben wir auch ein individuelles Sosein, eine Persönlichkeit. Wenn wir geboren werden, haben wir noch kein Ich. Wir nehmen uns selbst nicht wahr, unsere Wahrnehmung beginnt mit dem Du, meistens der Mutter. In der Trennung vom Du wird eigentlich erst das Ich geboren. Am Anfang ist das Du. Lisa sagt am Anfang nicht »ich«, sondern »Lisa«, so wie das Du sie nennt.

Ohne uns unserer selbst bewusst zu sein, machen wir Erfahrungen, es entstehen Ein-Drücke und daraus bestimmte Verhaltensmuster und Programme. So entsteht unsere Persönlichkeit, indem sich diese Muster mit unserem Charakter verbinden, den wir als die Summe früherer Erfahrungen mitbringen.

Unsere so genannte Persönlichkeit entsteht also im Wesentlichen durch die Außenwelt, durch die anderen. Bevor wir selbst Einfluss darauf nehmen können, ist sie schon entstanden: unsere Persönlichkeit, auf die wir oft so stolz sind und zu der wir doch wenig beigetragen haben. Unser Kinder-Ich ist gerade entstanden. Nun käme sicher niemand auf die Idee, mit seinen Kinderkleidern oder gar in Windeln durchs Leben zu gehen. Und doch leben die meisten Menschen als dieses Kinder-Ich. Und sterben auch so.

Bestenfalls haben sie im Laufe der Zeit daran gearbeitet, haben Therapien mitgemacht, Seminare besucht, Prozesse durchlaufen, um unerwünschte Teile dieses Ichs zu verändern. Sie versuchen – meistens mit geringem Erfolg –, dieses Kinder-Ich in Richtung eines Ideals zu verändern.

Es ist die Frage, ob wir wirklich an diesem durch die Außenwelt geschaffenen Ich herumändern und -arbeiten sollten, bis wir – im besten Fall – einigermaßen damit zurechtkommen. Oder ob es im Grunde nicht sinnvoller wäre, ein neues Ich – ein Erwachsenen-Ich – zu schaffen, das uns wirklich entspricht, unserer Vision, unserer Lebensaufgabe.

Mehr noch, Sie spüren jetzt ganz deutlich, dass Ihnen Ihre alten Kleider nicht mehr passen, dass es Zeit ist, sich mit einer neuen Persönlichkeit einzukleiden. Die gute Nachricht ist: Sie können Ihr Kinder-Ich loslassen und Ihre Persönlichkeit neu erfinden. Eine Persönlichkeit, die Ihrem wirklichen Selbst-Bild entspricht, die Persönlichkeit eines göttlichen Menschen.

Sie können dieser Persönlichkeit alle Eigenschaften und Verhaltensweisen geben, die Sie wünschen, die Ihnen entsprechen und mit denen Sie sich wohl fühlen.

Wie Sie sich neu erfinden

Folgende Fragen können Ihnen dabei helfen, Ihre Persönlichkeit neu zu konzipieren. Seien Sie sich dabei immer Ihrer Vision bewusst, und fragen Sie sich:

Welche Persönlichkeit passt zu meiner Vision?

- Was stört mich an meinem Leben noch? Was passt nicht mehr zu meiner Vision? Von welchen Verhaltensweisen oder Menschen sollte ich mich jetzt trennen?

- Bin, habe, tue ich, was ich wirklich will? Wo nicht und wie kann ich es ändern?

- Was kann ich aus meiner Vergangenheit lernen? Was in meiner Vergangenheit hat mich zu dem Menschen gemacht, der ich bin? Was waren die bisher wichtigsten Lebens-Lektionen, die ich gelernt habe?

- Welche Absicht habe ich, und welche Konsequenzen ergeben sich daraus in der Gegenwart?

- Was will ich in meinem Leben noch erreichen, wenn ich meine Vision lebe? Welche Träume habe ich noch für mein Leben? Wie kann ich sie erfüllen?

- Was ist mein nächstes klar umrissenes Jahres-Ziel? Was sind die Hindernisse? Welche Konsequenzen ziehe ich daraus?

- Wo kommt in meinem Leben noch die Freude zu kurz? Was mache ich ohne Freude? Was ist nötig, um es mit Freude zu tun? Oder muss ich es loslassen?

- Wie kann ich meine Gesundheit optimieren? Welches Gesundheitsverhalten entspricht meiner Vision?

- Wie werde ich – in meinem Sinne – noch erfolgreicher? Wie wird mein Leben in diesem Sinne zu einem einzigen Erfolg?

- Was braucht meine Partnerschaft? Habe ich den idealen Partner? Bin ich der ideale Partner? Welche Hindernisse erkenne ich? Welche Konsequenzen ergeben sich daraus?

- Was ist in meinem Leben loszulassen? Was ist zu ändern? Was sollte ich lernen?

- Was sollte ich mir angewöhnen und zur Gewohnheit machen?

- Welche Fähigkeiten sollte ich ent-wickeln?

- Welche Absichten habe ich? Welche Aussichten? Was habe ich dafür getan? Was bin ich bereit, ab jetzt zu tun? Was hat Priorität?

- Wer oder was spielt in meinem Leben die Hauptrolle? Erfolg? Anerkennung? Geld? Besitz? Macht? Liebe? Oder ich selbst?

- Was macht mein Leben so richtig lebenswert?

- Was würde mein Leben noch schöner machen?

- Wie ist mein Umgang mit der Zeit? Finde ich für alles den richtigen Zeitpunkt? Fülle ich meine Lebenszeit optimal aus?

- Wie ist mein Umgang mit Geld? Habe ich immer genug davon, ohne mich abmühen zu müssen? Was sagt mein Umgang mit Geld über meine Persönlichkeit? Welche Persönlichkeit hat das Geld und den finanziellen Überfluss, der meiner Vision entspricht?

- Kann ich die richtigen Fragen stellen? Die richtigen Antworten finden sich dann von selbst.

- Warum lebe ich unter diesen Umständen? Was mache ich heute besser als gestern? Was kann ich morgen besser machen als heute?

- Was ist mein Wunschtraum? Wann will ich ihn verwirklichen? Bin ich bereit, jetzt damit zu beginnen?

- Ich mache mir meine Wunsch-Biographie bewusst.

- Wie kann ich meine spirituelle Ent-Wicklung bewusst fördern? Mein vorheriges Leben kennen lernen? Mein nächstes Leben bewusst vorbereiten? Mich vom Rad der Wiedergeburt bewusst entbinden?

- Führt mein derzeitiger Weg zur Erfüllung meiner Vision? Was ist Erfüllung für mich, ein wirklich erfülltes Leben?

- Wen will ich glücklich machen, mein Ich oder mich selbst? Was bedeutet für mich Selbst-Verwirklichung? Welchen Sinn gebe ich diesem Leben? Wie lange will ich leben?

- Welche Konsequenzen ergeben sich aus all dem?
  Was ist zu tun? Wie ist es zu tun? Wann wird es getan? Prioritäten?
  Was ist mein Gesamtziel? Welchen Weg gehe ich? Was ist der nächste Schritt?
  Welche Hindernisse gibt es? Wie löse ich sie auf?

Was muss ich tun, um am Ende meines Lebens sagen zu können: Ich habe wirklich gelebt?

Wählen Sie den Weg der Berufung

Den Weg der Vision, der Freude, der Berufung zu gehen ist der gleiche Weg - nur aus einer anderen Perspektive beschrieben. Für diesen Weg ist es sinnvoll, sich irgendwann mit der Frage zu konfrontieren:

Was ist meine wahre Berufung?

Werden Sie sich dabei bewusst: Sie sind mit einer bestimmten Absicht in diese Welt gekommen. Erfüllung können Sie nur finden, wenn Sie Ihre Berufung erkennen, annehmen und erfüllen. Der Beruf sollte etwas sein, wofür man lebt, nicht wovon man lebt. Keiner kann in seinem Beruf erfolgreich sein, wenn er seine Arbeit nicht liebt, wenn Beruf und Berufung nicht identisch sind, der Selbstverwirklichung dienen und der Allgemeinheit nützen.

Der erste Schritt auf dem geistigen Weg ist, in Besitz zu nehmen und sinnvoll einzusetzen, was Sie schon erreicht haben. Fragen Sie sich:

- Was kann ich besonders gut? Welche Fähigkeiten, Talente, Kräfte habe ich? Denn wo meine Gaben liegen, liegen meine Aufgaben.

- Was macht mir besonders viel Freude? Was sind meine Hobbys? Wünsche? Was möchte ich den ganzen Tag tun? Was begeistert mich?

- Welche Ausbildung habe ich? Welche Ausbildung sollte ich noch haben? In welche Krisen, Schwierigkeiten, Lektionen hat mich das Leben geführt?

- Von welchen begrenzenden Vorstellungen sollte ich mich lösen?

- Welche Chancen bietet mir das Leben, das zu tun? Bisher? – In diesem Augenblick? In Zukunft?

- Auf welchen Platz hat mich das Leben gestellt? Wie kann ich diesen Platz noch besser ausfüllen? Was sollte ich lernen beziehungsweise verlernen?

- Wenn ich mein Leben noch einmal beginnen könnte, was würde ich dann anders machen?

- Was wäre mein Wunschtraum? Wie sieht mein Leben als Meisterwerk aus?

- Welche Konsequenzen ergeben sich aus all dem für mich? Was würde ich unter den gleichen Umständen meinem besten Freund raten?

- Was hindert mich eigentlich noch, genau das zu tun? Wann bin ich bereit, das Not-wendige zu tun?

Lassen Sie Ihr Licht leuchten

Ihr Leitstern für die Orientierung in Ihrem Leben ist nicht im Außen zu finden, sondern in Ihrem Inneren. Es ist Ihr inneres Licht, der göttliche Funke in Ihnen, was da leuchtet. Erleuchtung heißt nichts anderes, als dieses innere Licht auch im Außen kraftvoll zum Leuchten zu bringen, Lichtträger und Leuchtturm zu sein.

Ihr inneres Licht zeigt sich zuerst in Ihrer Vision. Sie nehmen es als etwas wahr, das im Außen, in der Zukunft ist, Ihre ideale Zukunft in vielleicht zehn Jahren. Sie projizieren Ihr inneres Licht sozusagen nach außen, in die Zukunft, sind von ihm noch getrennt.

Schöpferische Imagination bringt beides zusammen, das reale innere Licht und die scheinbar – in Wahrheit projizierte – äußere Vision. Sie holt Ihre Vision aus der Zukunft in die Gegenwart, ins jetzt gelebte Leben, in den Augenblick. **So werden Sie zur Inkarnation Ihrer Vision.** Ihr Körper ist lichtdurchlässiger und lichtvoller. Sie sehen jünger aus, strahlen, Ihre innere Freude zeigt sich in Ihrem Gesicht. Ihr Leben ist Lächeln, Leichtigkeit, Sympathie, Verbundenheit, Herz.

Ihr inneres Licht, Sie selbst, Ihre Vision und Ihr gelebtes Leben sind eins. Sie brauchen keinem Leitstern mehr zu folgen, Sie sind es selbst.

Sie haben das, was man Charisma nennt. Sie sind die charismatische Lichtgestalt geworden, die Sie sind. Die Vision des göttlichen Menschen hat auch in Ihnen reale Gestalt angenommen – das ist nichts anderes als eine andere Bezeichnung für Inkarnation – als Vision des neuen Menschen.

Sie sind schon immer Ihr Leitstern, bisher von dunklen Wolken verdeckt. Sie mussten ihn erst leuchten sehen, ihm folgen, um zu sein, was Sie längst sind.

Das klingt mehr als paradox, aber es ist das Geheimnis: **Das für den Verstand Paradoxe ist für das Herz eins.** Quälen Sie sich also nicht damit herum, etwas verstehen zu wollen, das für den Verstand nicht zu verstehen ist. Sie müssen den Weg gehen, um das zu sein, was Sie längst sind. Es ist der Weg des Erkennens. Aber die Erkenntnis dessen, was ist, verändert alles. Sie dimmen nur das schwach brennende Licht immer weiter auf, bis es hell alles erleuchtet. Aus der Dunkelheit wird Licht, und alles wird von diesem Licht reflektiert, ist hell und erstrahlt.

Fühlen Sie sich wert, eine charismatische Lichtgestalt zu sein? – Sie zögern? Sehen Sie: Ihr mangelndes Selbstwert-Gefühl sind Wolken – und nur die Wolken –, die das verdecken, was Sie sind. Sobald Sie sich wert fühlen, es zu sein, sind Sie es auch. Sie holen nur das in sich zurück, was Ihnen sowieso gehört, und projizieren es nicht mehr auf andere Menschen. Alles, was Sie an anderen Menschen bewundern, sind Sie, und es wartet nur darauf, von Ihnen wieder entdeckt zu werden.

Wer ist für Sie wirklich eine charismatische Persönlichkeit, die Sie bewundern?

Überlegen Sie, und schreiben Sie ein paar Namen auf. Und dann schreiben Sie dazu, was genau Sie an diesen Menschen bewundern – welche Charaktereigenschaften, welche Werte, welches Verhalten, welche Werke.

Wenn Sie alles zusammengetragen haben, was Sie an anderen Menschen wirklich bewundern, dann schließen Sie Ihre Liste mit drei Worten ab:

Das bin ich.

Um Himmels willen, tun Sie es! Es ist so eine einfache und wirkungsvolle Übung, die aber getan werden will. Es sei denn, Sie wollen sich weiter verstecken und keine Ver-Antwortung dafür übernehmen, der zu sein, der Sie sind.

Antworten Sie! Sie sind schon lange gerufen. – Von Ihrem höheren Selbst.

Nachwort

So lassen Sie Ihren Leitstern zu sich sprechen

Sie sind das Wunder, auf das Sie warten

Prüfen Sie einmal, was Warten in Ihrem Leben bedeutet. Manche Menschen warten ihr ganzes Leben und wissen nicht einmal so recht, worauf sie eigentlich warten: Sie warten auf irgendeine Erlösung, auf einen Erlöser.

Möglicherweise ist der Grund auch ganz profan: Sie warten auf einen Lottogewinn, eine Erbschaft, einen idealen Partner, einen idealen Job. Oder sie warten auf den nächsten Urlaub – dieser war nicht so toll – oder auf das nächste Wochenende – dieses war nicht so toll. Kurz, sie warten auf ein Wunder. Ja, dann könnte das Leben wirklich wundervoll sein.

Machen Sie sich bewusst – und lassen Sie diese Botschaft Sie wirklich berühren – und fühlen Sie: **Sie sind das Wunder**. Sie sind Ihr Erlöser und Ihre Erlösung. Sie sind Ihr eigener Lottogewinn und Ihr idealer Partner. Sie sind auch die Zeit, die Sie verbringen.

Wundervoll kann nie das sein, auf das man wartet, sondern nur das, was ist. Wer zum Wunder wird und selbst eins ist, der ist auch mit Wundern gesegnet.

Erschließen Sie sich das Wunder der Karten.

Wie Sie das Kartenspiel für Ihren Lebensweg nutzen

Es war bereits davon die Rede, dass es den Menschen nicht nur an Orientierung mangelt, sondern dass ihnen auch die Karten fehlen. Gemeint waren in dem Zusammenhang Seekarten, Landkarten, Straßenkarten, topografische Karten, auch geistige, konzeptionelle Karten.

Die Karten, die Sie in den Händen halten, können auf Ihrem geistigen Weg tägliche Wegweiser sein. Sie können Ihnen weisen, wo es langgeht, wenn Ihr Leitstern noch von Wolken verhangen ist.

Karten dienen dem Spiel. Mit ihnen spielen wir mit uns selbst, mit unserem höheren Bewusst-Sein. Karten sind Spielgefährten, mit ihnen ist das Leben leicht und spielerisch. Sie helfen uns, mit unserem höheren Selbst zu kommunizieren, ihm Fragen zu stellen. Unser Selbst gibt uns über die Karten immer eine stimmige Antwort. Es liegt an uns, seine Antwort zu verstehen und danach zu handeln.

Es gibt viele Möglichkeiten, mit den Polaris-Karten zu spielen. Hier die einfachsten und gebräuchlichsten Beispiele:

- Ziehen Sie sich jeden Tag, beispielsweise morgens vor dem Frühstück, eine Tageskarte. Wenn Sie können, kommen Sie zunächst für ein paar Minuten zur Selbst-Besinnung – und üben Sie Einkehr in

Ruhe – und ziehen sich dann Ihre Karte. Legen Sie die gezogene Karte offen hin, so dass Sie am Tag immer wieder an sie erinnert werden.

- Lassen Sie sich täglich von einer Tageskarte inspirieren, und machen Sie sie zum Tagesmotto. Wählen Sie bewusst auch eine Wochenkarte, eine Monatskarte, eine Jahreskarte, eine Geburtstagskarte, eine Karte für das ganze Jahrzehnt.

- Verbinden Sie dieses Ritual mit dem Führen eines Tagebuches. Schreiben Sie die Affirmation des Tages ins Tagebuch, und beenden Sie den Tag erst, wenn Sie in der Tagesrückschau die Ereignisse des Tages im Lichte der Affirmation verstanden haben. Das Tagebuch wird Ihnen helfen, die Wunder des Lebens besser zu verstehen. Es ist ein überaus praktisches und effektives Intuitions-Training.

- Stehen Sie vor einem Problem und sehen keine Lösung? Dann stellen Sie sich eine Frage und bitten die Karten, Ihnen eine Antwort zu schenken. Meditieren Sie über die Affirmation der Karte, bis Ihnen die Lösung bewusst ist.

- Schenken Sie einzelne Karten Ihren Mitmenschen, in dem liebevollen Bewusstsein, ihnen eine bedeutsame Botschaft zu übermitteln. Verschenken Sie die Karten unmittelbar, und helfen Sie dem oder der Beschenkten bei der Deutung. Verschicken Sie Karten im Brief mit einer netten persönlichen Botschaft.

- Spielen Sie die Karten auch mit Ihren Kindern, und eröffnen Sie ihnen diese intuitive Art der Kommunikation mit sich selbst. Kinder sind spirituelle Wesen und werden durch ein solches Spiel in ihrem Wesen anerkannt und gefördert.

- Verschenken Sie Ihren Arbeitskollegen und -kolleginnen bei besonderen Anlässen – beispielsweise bei Feiern – Karten.

- Verschenken Sie in Seminaren Karten an die Teilnehmer.

- Wenn Sie mit bestimmten Legetechniken des Tarot vertraut sind, dann legen Sie auch die Affirmationen danach.

- Sie können auch das ganze Spiel an liebe Mitmenschen verschenken. Keines dieser Geschenke wird für den Beschenkten ein Zufall sein. Er wird es gerade jetzt brauchen.

- Prüfen Sie auch, welche Karte Sie immer und immer wieder ziehen. Auch das ist eine Botschaft. – Und welche Karten wollen überhaupt nicht gezogen werden?

Es gibt keine Zufälle. Und Sie sind sich dessen bewusst, bewusster denn je. **Lassen Sie Ihren Leitstern durch die Karten zu Ihnen sprechen.** Bis Sie eins sind mit ihm – und die Karten dann weiter verschenken können.

DANKE.

Literaturhinweise zur Vertiefung

Zu Teil 1

Tepperwein, Kurt: Die geistigen Gesetze. Erkennen, verstehen, integrieren. Goldmann (Arkana) 2002

Zu Teil 2

Tepperwein, Kurt: Was dir deine Krankheit sagen will. Die Sprache der Symptome. MVG 1999

Tepperwein, Kurt: Gesund für immer. Lassen, was dem Körper schadet. Tun, was den Körper stärkt. Verstehen, was der Körper will. Goldmann (Arkana) 2005

Tepperwein, Kurt: Selbstheilungskräfte aktivieren. Gesundheit durch richtiges Denken. Goldmann (Arkana) 2006

Tepperwein, Kurt: Superintuition. So entwickeln Sie Ihre verborgenen geistigen Fähigkeiten. MVG 1997

Tepperwein, Kurt: Intuition – die geheimnisvolle Kraft. So nehmen Sie Ihre innere Stimme wahr und verwirklichen Ihre Träume. MVG 2001

Tepperwein, Kurt: Die Kunst das Leben selbst zu steuern. Die Gesetze der Mental-Kybernetik. MVG 2003

Tepperwein, Kurt: So geben Sie Ihr Bestes. Ein ganzheitliches Mental-Training in 7 Stufen. MVG 2004

Tepperwein, Kurt: Loslassen, was nicht glücklich macht. MVG 2000

Zu Teil 3

Tepperwein, Kurt: Wunder vollbringen durch schöpferische Imagination. Mentaltraining in Aktion. Goldmann (Arkana) 2003

Tepperwein, Kurt: Der Lebensführerschein. MVG 2007

Tepperwein, Kurt: Erfinde dich neu. 12 Chancen zum privaten und beruflichen Neubeginn. Goldmann (Mosaik) 2004

Tepperwein, Kurt: Vom Beruf zur Berufung. So erlangen Sie mehr Erfolg und Zufriedenheit im Leben. MVG 2004

Impressum

Redaktion: santé - rédaction
Projektleitung: Sven Beier
Redaktionsleitung: Karin Stuhldreier
Producing und Satz: vm-grafik, Veronika Moga, München
Bildredaktion: Tanja Nerger
Herstellung: Sonja Storz
Umschlaggestaltung und Konzeption: R.M.E. Eschlbeck/Kreuzer/Botzenhardt

Druck und Bindung: Anpak Printing Ltd., Hongkong

Gedruckt auf chlor- und säurefreiem Papier

Printed in China
ISBN: 978-3-517-08391-9
817 2635 4453 6271

Über den Autor

Kurt Tepperwein wurde 1932 in Lobenstein geboren. Er war Unternehmer und Unternehmensberater. 1973 zog er sich vom Wirtschaftsleben zurück und wurde Heilpraktiker und Forscher auf dem Gebiet der wahren Ursachen von Krankheit und Leid. Seit 1997 ist er Dozent an der Internationalen Akademie der Wissenschaften. Diese weltweite Lehrtätigkeit führte ihn u. a. nach Indien, Bali, Japan, wo er die verschiedenen Kulturen und Philosophien studierte. Sein Wissen hat er in vielen Büchern, Videos, DVDs und CDs veröffentlicht.
Das von ihm geschaffene Mental-Training, Intuitions-Training und Kausal-Training sind heute nicht nur für Topmanager und Spitzensportler ein unverzichtbarer Teil ihres Lebens.

Bildnachweis

Alle Fotos stammen von: H.P. Hoff Fotografie, Ravensburg (www.hphoff.de)

Hinweis

Das vorliegende Buch ist sorgfältig erarbeitet worden. Dennoch erfolgen alle Angaben ohne Gewähr. Weder Autorin noch Verlag können für eventuelle Nachteile oder Schäden, die aus den im Buch gemachten Hinweisen resultieren, eine Haftung übernehmen.